KB010870

서문문고
223

막스 베버

황 산 덕 지음

머리말

필자는 자유당 정권 말기에 뜻하는 바가 있어 막스 베버의 연구에 몰두하였고, 그 성과를 정리하여 '사상가총서(思想家叢書)'의 하나로서 ≪막스베버≫를 1960년 3월에 출간한 일이 있었다.

그 후 여러 해가 지나는 동안 우리나라의 베버 연구열은 대단하였지만 아직 일반 학생들이 읽을 수 있는 간편한 입문서는 그리 눈에 띄지 않아 여기에 구판을 다시 재생하여 학생들의 편의를 도모하고자 이 책을 내게 되었다. 그 동안에 있어서의 학계의 연구 성과를 첨가해서 소개하는 것이 도리이겠으나, 필자에게는 지금 그렇게 할 시간적 여유가 없어 구판을 그대로 내놓지 않을 수 없는 것인데, 독자 여러분께서는 이 점을 양해해 주시기 바랄 뿐이다.

독자의 편의를 위하여 구판의 서문을 다음에 소개한다.

石隅 黃山德

원판 서문

내가 베버에 관한 소개의 글을 쓰고 이렇게 함으로써 우리나라에서 베버 연구열을 부쩍 올려 놓아야겠다고 절실히 느끼게 된 것은 작년 겨울부터의 일이다. 지금 우리나라 대학에서 강의하는 법학·정치학·경제학 기타의 사회과학은 거의 전부가 서양 사람들이 자기네들을 위하여 만들어 놓은 것들인데, 우리는 그것들을 그대로 우리나라에 가져다가 그것을 가지고 우리의 현실을 설명도 하고 또는 이끌어 가려고도 하고 있다. 물론 우리는 선진 국가에서 많은 것을 배워야 하고, 그리고 우리가 그들로부터 받아들인 제도나 학문에는 꼭 우리가 그대로 따르지 않으면 안 되는 귀중한 것들이 허다하게 들어 있음을 우리는 부인할 수가 없다.

반면에 그것들에는 아무리 하여도 우리의 실정에 맞지 않아 부득이 버리지 않으면 안 되는 것이 있는가 하면, 또한 어떤 경우에는 우리가 그것들을 받아들이고 싶어도 우리에게 고쳐야 할 나쁜 점이 있기 때문에 그것을 제대로 받아들일 수 없는 것도 있다. 또 경우에 따라서는 우리의 것이 도리어 좋다고 인정되는 때도 있을 수가 있다.

이러한 것들을 우리는 자세히 분석해 보고 검토도 해보

아서 참으로 효과적으로 남의 것을 받아들이기도 하고 또는 우리의 것을 살리기도 하여야 하는 것이다. 그런데 지금까지의 실정을 보면 우리는 해방 이후 10년 동안 그저 무조건으로 외국의 것을 받아들이고, 그러고는 그것을 무턱대고 우리의 것으로 삼으려는 무모한 일만을 해왔던 것이다. 그리고 이와 같이 맹목적인 외국 모방만을 일삼아 왔기 때문에, 휴전이라는 명목으로 전쟁이 일시 중단되고 평화스런 복구가 어느 정도 궤도에 오르게 되자, 그것은 정치·경제·문화·사회의 각 방면에 걸쳐서 눈뜨고 볼 수 없는 혼란을 가져왔던 것이다. 그리고 만일 우리가 여기에서 눈을 똑바로 뜨고서 이 난관을 이겨나가지 않는다면 우리는 우리의 후손에 대하여 다시 용서받을 수 없는 큰 과오를 범하게 되는지도 모를 지경이다.

이러한 엄숙하고도 중대한 시기에 당면하여, 하나의 학도에 지나지 않는 자의 직책상, 나는 우리나라 사람들에게 — 특히 우리나라의 대학생들에게 — 근대 유럽이 낳은 위대한 사회학자 베버에게 좀더 깊은 관심을 가지고, 그리고 그로부터 많은 것을 배워서 우리의 반성의 재료로 삼아 주기를 권고하는 것이다. 지금 나의 연구실에는 그 부피에 있어서 약 1미터 가량의 베버 문헌이 쌓여 있지만 이것은 전세계의 여기저기에서 쏟아져 나오는 베버 문헌에 비하면 그 30분의 1도 못 되는 정도이다. 현재 내가 조사한 바에 의하면 베버 자신의 저서와 논문이 122종이고, 그에 관한 독일·영국·미국·프랑스·일본의 연구 문헌이 715종 가량 되는데, 그 중에서 일본 사람들의 연구 문헌만 하더라도 311종은 되는 형편이다.

그러면 이처럼 굉장한 선풍을 일으키면서 베버가 그의 122종이나 되는 저서와 논문을 통하여 알아내려고 한 것은 무엇이었는가 하면, 그것은 단 한마디 '어째서 오로지 근대 유럽에서만 자본주의는 성립될 수가 있었던가' 또는 이것을 바꾸어 말하면 '어째서 동양은 서양사람이 이루어 놓은 것과 같은 근대화를 이루지 못하였는가'에 그치는 것이다. 그러면 이러한 문제에 대한 그의 결론이 무엇이었는가는 이 책의 본문에서의 소개가 충분히 설명해 줄 것이지만, 여하튼 우리는 그의 연구를 통하여 동양과 서양의 본질적인 차이를 알 수 있게 되었고, 또한 더 나아가 서양의 문물 중에 우리가 받아들일 수 있는 것과 없는 것을 구별할 수 있게 되었다. 내가 우리나라 청년 학생들에게 좀더 관심을 가지고 베버를 연구하라고 권하는 것은 바로 여기에 그 이유가 있는 것이다.

내가 베버의 생애와 업적을 소개하는 책을 쓰기로 결심한 것은 이러한 데에 그 동기가 있었던 것이므로 따라서 이 책의 구성도 이 점에 중점을 두고서 꾸며졌다.

첫째로, 제1장 '생애와 업적'에서는 1959년까지의 베버의 직접적인 문헌 전부와 그리고 영국·미국·일본 그리고 우리나라에서 출판된 그것들의 역서 전부를 소개하였고,

또한 그것들에 관한 상세한 고증을 하였는데, 이것은 이 책을 읽은 독자가 계속해서 베버 연구에 돌진하려고 할 때에 참고가 되도록 하기 위해서이다.

둘째로 법학자인 나로서는 응당 베버의 그 유명한 '법사회학' 이론을 풍부히 다루어야 했고, 그러한 충동을 받지 않은 것은 아니었지만, 오늘날 법사회학에 관해서는 전문적인 분야에서 문제가 많이 있을 뿐만 아니라, 이 책이 목적하는 바에 비추어 보아서도, 혹시 지나치게 탈선할 염려가 없지도 않았으므로, 여기에서는 그것에 관한 언급을 전적으로 생략하기로 하였다. 그리고 또 하나 여기에 부언할 것이 있는데, 그것은 현재 面號는 거의 전부가 구판의 면호에 의거한 것이지만, 지금 우리나라에서 구해 볼 수 있는 베버 문헌은 전부 최신판에서만 인용을 하였다는 것이다.

그러므로 특히 ≪學問論論文集≫(1951년 제2판), ≪經濟와 社會≫(1956년 제4판), 그리고 ≪政治論文集≫(1958년 제2판)으로부터의 인용이, 동일한 내용을 인용한 외국 학자들의 면호와 같지 않다는 데에 독자는 주의할 필요가 있다. 그러나 신판원서의 권말에 新舊版 面號對照表가 붙어 있으므로 이 점은 그리 큰 불편을 주지는 않으리라고 생각한다.

1959년 7월 9일
서울대학교 법과대학 연구실에서 황 산 덕

차 례

막스 베버

제1장 생애와 업적

제1절 베버 연구의 현황과 목적

베버 연구의 현황

'20세기 최대의 社會科學者'라는 찬사가 제공되고 있고, 날이 갈수록 그에 관한 연구가 왕성해져 가고 있는 막스 베버는 어찌된 일인지 우리나라에서는 학자들의 관심을 그리 끌지 못하고 있는 것 같다. 물론 최근에 미국을 다녀온 분들이 그곳에서의 베버 연구열이 대단한 것을 보고, 우리나라에서도 우리의 후진성을 면하기 위해서는 이 '독일이 낳은 가장 위대한 사회과학자'를 좀더 본격적으로 공부해야 하겠다고 자탄하는 것을 많이 보았다.

그러나 필자가 아는 한도에서는 고려대학교의 趙璣濬 교수가 ≪사회경제사≫를 한국전쟁 이후에 번역한 일이 있었고(1953년), 또한 서울대학교 상대의 權世元 교수가 姜命圭씨와 함께 ≪프로테스탄트의 윤리와 자본주의의 정신≫(1958년)을, 그리고 법대의 韓泰淵 교수가 金南辰 석사와 함께 ≪官僚制≫를 번역한 일이 있었을 뿐이며(1959년), 그 밖에는 거의 이렇다 할 소개가 없었던 것 같다.

베버의 위대함

베버의 학문은 그 규모의 웅대무비함이 大伽藍과도 같

아서 한 사람의 힘으로 그 전부를 파악해 낸다는 것은 거의 불가능한 일에 속한다.

1920년 그의 장례식 때에 하이델베르크대학의 학생들 앞에서 추모강연을 한 야스퍼스는 '그의 哲學的 實存(Philosophische Existenz)[1]은 현재 우리들이 파악할 수 있는 이상의 것이다'라고 말하였지만, 과연 그의 저작을 직접 접해 본 일이 있는 사람은 누구나 '이런 위대한 학자가 지구상에 나왔던 일이 있었단 말인가'라고 감탄하지 않을 수 없을 정도로 그 체계는 웅대한 바가 있다.

그러므로 오늘날 일반 사회학자는 물론이요, 법학·정치학·경제학·사학·종교학 등에 종사하는 학자들이 모두 자신의 학문적 애로를 타개시켜 줄 지도원리를 그로부터 끄집어 내려고 노력하고 있다. 그러나 그것들은 모두 각자의 각도에서 베버의 일면만을 뒤적이는 정도에 그치고 만다. 뿐만 아니라 베버를 대하는 태도 또한 학자나 시기에 따라 다르다. 전쟁중에 파시즘의 비합리주의를 공격하기 위하여 베버를 끄집어 내었을 때에는 그는 철저한 합리주의적 상대주의자로서 취급되었다.

그러나 오늘날 공산주의의 유물사관을 배격하기 위하여 그를 이용하려고 할 때에는 그는 '철학적 실존의 이데에'로서(야스퍼스) 또는 '내면적으로는 격렬한 기독교 신자'로서(青山秀夫) 앞에 내세워지고 있다.

㈜
1. Karl Jaspers, Max Weber 1920 1920(in: Rechenschaft und Ausblick 1958). s.9.

근대자본주의의 문제

그러나 나중에 풍부하게 언급될 것이지만, 베버가 일생을 두고서 연구한 목표는 '어째서 근대적인 자본주의는 서양에서만 발생하였는가'를 해명하는 데에 있었다. 이리하여 우선 그는 일반적으로 사회와 역사를 올바르게 다루는 방법이 무엇인가에 관하여 확고한 이론을 세워 놓았고, 다음에는 이에 입각하여 — 영국보다 독일이 후진적이라는 것을 고려하면서 — 왜 근대적 자본주의가 영국·미국에서는 잘 발육되었는가를 추궁하였고, 더 나아가서는 중국과 인도의 종교를 서양의 그것과 비교하면서 왜 동양에서는 근대사회의 형성과 근대적 자본주의의 발생이 있을 수 없었는가를 구명해 냈다.

물론 이러한 목표에 도달하기 위하여 그는, 사회와 역사를 분석하는 데에 있어서 굉장한 위력을 발휘한 '理念型'의 이론을 발전시켰고, 종교가 인류 사회의 형성과 발달에 얼마나 결정적인 역할을 하였는가를 강조하기도 하였다. 그러나 우리에게 있어서는 — 특히 동양인에 있어서는 — '왜 동양은 서양보다 뒤떨어졌는가'에 관하여 베버로부터 가르침을 받는 것이 가장 큰 관심거리가 되리라고 생각된다.

미국 같은 나라에서 베버 연구열이 굉장한 것은 물론 그네들이 이미 성취해 놓은 것을 베버의 각도에서 반성해 보려는 데에 그 이유가 있기도 하겠지만, 필자가 보기에는 민주진영의 지도국가로서 군림하게 된 미국이 그 진영 내에 있는 무수한 후진국가들의 생태를 파악하고 이것을 토대로 올바른 세계 정책을 세우는 데에 있어서 반드시 베버의 이론을 참조할 필요가 있었기 때문이라고 생각된다.

일본에서도 미국 못지않게 베버 연구열이 왕성한데 戰前에는 다만 베버의 사회과학방법론에만 관심을 가지고 있다가, 패전의 맛을 보자 미국식으로 중점이 옮겨져 동양은 왜 後進하였고 일본에는 왜 군국주의적 전제정치가 행하여질 수 있었는가를 알기 위하여 필사적으로 베버를 연구하기에 이르렀다. 그리고 나치스의 쓰라린 경험을 가진 독일 역시 이러한 노선에서 베버에 접근해 가리라는 것은 곧 짐작할 수가 있다.

이러한 여러 점을 고려할 때에 우리도 역시 '왜 우리 한국에는 민주주의가 발생하지 못하였고, 왜 오늘날 제대로 성장하지 못하는가'라는 문제를 내걸고 이 각도에서 베버를 연구하는 것이 가장 필요하고 또한 현명한 일이 아닐까 생각한다.

제2절 생애

생애

베버는 1864년 4월 21일, 베를린 시 참사원이요, 유복한 자유주의적 부르주아지였던 아버지(Max Weber, sen)와 독신적인 프로테스탄트였던 어머니의 장남으로서, 에르푸르트(Erfurt)에서 출생하였다. 1920년 6월 14일, 뮌헨에서 폐렴으로 급사하였다. 그는 1873년부터 1882년까지 베를린 교외에 있는 샤를로텐부르크(Berlin Charlottenburg)의 김나지움에서 大學 前 코스를 마치고, 1882년에 하이델베르크 대학에 입학하여 법학을 주로 역사·경제학·철학 등에 관한 강의를 들었다. 이때의 그는 동양식으로 계산하여 19세였지만 그는 당시의 독일 대학생답게 맥주를 잘 마셨다. 또한 결투도 하여 얼굴에 상처까지 입었다고 한다.

이듬해인 1883년에는 슈트라스부르크로 가서 軍務를 마치고는 베를린 대학으로 옮겨 여기에서 학업을 계속하였다. 그는 특히 세계적인 상법학자 골트슈미트(Levin Goldschmidt:1829~97)와 역시 세계적인 통계학자요 농업사학자 마이첸(August Meitzen:1822~1901)의 지도를 많이 받았다. 1986년(22세)에 고등고시 사법과에 합격하여 司法官試補(Referendär)가 되었으나 그대로 연구를 계속하여 1989년(25세)에 학위논문(Dissertation) ≪中世 商事會社의 歷史≫[1]를 발표하여 학위를 따게 된 것은 골트 슈미트의 영향을 받았기 때문이며, 1891년에 강사 자격을 얻기 위하여 취직논문(Promotionsschrift)으로서 발표한 ≪로마 농업사≫는 마이첸의 연구와 결부되는 것이었다.

이리하여 1891년에 베를린 대학의 무급강사(Privat-dozent)가 되어 상법 · 로마법 · 독일법을 강의하였고, 또한 골트슈미트가 병으로 쉬게 되자 그 과목의 대리 강의도 하고 그 해 가을에 그는 사촌누이의 遺兒인 마리안(Mari-anne)[2]과 약혼하였다. 1893년(29세) 베를린 대학의 조교수가 됨과 동시에 결혼을 하고, 1894년(30세)에는 프라이부르크 대학의 교수가 되어 그곳에서 경제학을 가르쳤다.

1897년(33세)에 다시 하이델베르크 대학으로 옮겨 크니스(Karl Knies)의 후임으로 경제학 교수가 되었다. 그는 여기에서 종교학자 트뢸치(Troeltsch), 헌법학자 옐리네크(G. Jellinek), 철학자 리케르트(H. Rickert) 등과 특히 친교가 있었다.

그러나 이듬해인 1898년부터 신경질환을 앓아 有給無講의 상태로 주로 이탈리아를 여행하면서 휴양하였으나, 1903년(39세)에 이르러 도저히 건강에 자신이 없음을 깨닫게 되자 10월에 교직을 떠났다. 대학 재직 기간은 형식상으로는 13년이지만 나중 4년은 전혀 강의를 하지 못하였다. 그리고 이때까지를 그의 연구생활에 있어서의 제1기로 잡는 것이 보통이다.

㊟

1. Zur Geschichte der Handelsgesellschaften im Mittelalter, nach südeuropäischen Quellen (Dissertation), (Stuttgart 1889). S.u.W. 312~443에 수록.
2. 마리안 여사는 夫君의 사후 그의 傳記 Max Weber, Ein Lebensbild. (Tübingen 1926. 2. Aufl. Heidelberg 1950)를 썼다. 베버 연구에 있어서 없어서는 안 될 귀중한 문헌이다. 그리고 Gerth and Mills:From Max Weber 1958(1st print 1946)의 〈Introduction〉(pp.3~74)에는 이 傳記의 상당한 분량이 인용 소개되어 있다.

이듬해인 1904년(40세)에 그는 좀바르트(Werner Sombart:1863~1936)와 함께 〈사회과학 및 사회정책 아르히프(Archiv für Sozialwissenschaft und Sozialpolitik)〉라는 학술잡지의 편집을 맡아 보게 되었다. 비록 대학은 떠났지만 이 잡지에 계속 귀중한 연구를 발표하였는데 오히려 이 시기가 연구 생활에 있어서 가장 소득이 많았다. 앞으로 우리가 연구할 그의 사상과 이론은 모두 이 제2기에 발표된 것을 근거로 하는 것이다.

동시에 이때부터 그의 주위에는 학자·종교가·예술가들이 운집하여 있었는데 트뢸치, 옐리네크, 라스크, 야스퍼스, 좀바르트, 지멜 등은 특히 자주 그를 방문하였다.

1914년(50세)에 제1차 세계대전이 일어나자 지원하여

하이델베르크 예비야전 병원에 근무하였다. 그러나 곧 돌아와서 빌헬름 2세의 전쟁 방침에 반대하는 투쟁을 전개함과 동시에 종교사회학에 관한 연구에 몰두하였다. 1918년(54세)에는 빈 대학의 초청에 응하여 한때 강의를 맡았는데 이것은 그가 교단을 떠난 후 15년 만의 일이다. 패전 후 講和委員의 한 사람으로 베르사유에 갔던 일도 있다. 1919년(55세)에는 정식으로 뮌헨 대학의 교수로 취임하여 사회학·경제사·사회주의국가론 등을 강의하였다. 學的能力이 최고에 달한 바로 그때(1920년 6월 6일, 우연히 걸린 감기가 폐렴으로 악화되어 6월 14일에 뜻하지 않게 56세를 끝으로 세상을 떠났다.

제3절 베버의 업적

정치적 활동

베버의 생애를 겉으로만 본다면 그는 어디까지나 한 사람의 학자였다. 그러나 그의 내면 활동을 본다면 그가 얼마나 정치적 실천에 관심을 가지고 있었던가를 알 수 있다. 당시의 서구는 이미 선진국이 된 영국과 그뒤를 따라가는 후진국 독일과의 사이에 여러 가지 국제적 분쟁이 항상 문제가 되고 있던 시대였다. 그는 일찍부터 정치문제에 관한 논문을 발표하였으며, 정치계의 거물들과도 항상 밀접한 관계를 맺고 있었다.

그리고 그는 좌익 그룹에 끼지는 않았지만, 빌헬름 2세의 통치방법에 대한 맹렬한 반대자의 한 사람이 되어 있었다. 특히 제1차 세계대전이 일어나자 주로 프랑크푸르트 신문(Frankfurt Zeitung)에 기고하여, 비스마르크의 외교 정책을 비판하고, 또한 전쟁을 초래한 빌헬름 2세의 졸렬한 외교정책을 공격하였다. 더구나 독일의 軍部가 무제한 잠수함 작전을 단행하기로 하자 또 한쪽에서는 자유주의 좌파를 이론적으로 지도하고 한쪽에서는 독일의 정치적 구조의 결함을 지적하면서 의회주의만이 올바른 길이라고 강조하였다.

패전 후에는 獨逸民主黨(Deutsche Demokratische Partei 자유주의좌파)의 國民議會 의원선거에 입후보하려 다가 단념하였다. 1919년 3월에는 평화문제 商議를 위하여 개최된 베르사유 위원회에 강화위원의 한 사람으로 참석하였다. 그러므로 '그가 만일 살아 있었더라면 전후 독일의 정치에 있어서 탁월한 지위를 차지하였으리라는 것은 결코 불가능한 일은 아니다.'(파슨스)

정치와 학문

이와 같이 베버는 학자로서의 활동을 계속하면서 정치에도 큰 관심을 가지고 있었다. 이러한 상반된 의욕을 대표하는 저작으로는 《직업으로서의 정치(Politik als Beruf)》[1]와 《직업으로서의 학문(Wissenschaft als Beruf)》[2]의 둘이 있다.[3]

㊟
1. 《Politik als Beruf》(München 1919. 2. Aufl, 1926) PS. 493~548에 수록. 그리고 현재 서울에서 손쉽게 구할 수 있는 Kröner) 1956에는 PS. 533~548의 부분이 전재되어 있다. 영어 번역본으로는 H. H. Gerth and C. W. Mills, From Max Weber. pp. 77~128에 〈Politics as a Vocation〉으로 譯載. 일어 번역본으로 淸水幾太郎 譯 《職業としての政治》(現代思想全書 九券 〈政治の本質〉 所收 昭14)(世界大思想全集 社會・宗敎・科學篇 21 所收 河出書房 昭29). 西島芳二 역 《職業としての政治》(岩波文庫 昭27). 한글 번역본으로는 琴鍾友역 《직업으로서의 정치》(서문당 서문문고 제203번 1976년).
2. 《Wissenschaft als Beruf》(München 1919. 2. Aufl. 1921.

3. Aufl. 1930) W.L. 524~555. 2. Aufl. 566~597에 수록.
Kröner에는 W.L. 2. Aufl. 572~597의 부분이 전재. 영어 번
역본으로는 Gerth and Mills, op. cit., pp. 129~156에 〈Sci-
ence as al Vocation〉으로 譯載. 일어 번역본으로는 尾高邦雄 譯
≪職業としての學問≫(岩波文庫 昭11~26). 出口勇藏 譯 ≪職業
としての學問≫(世界大思想全集 社會・宗敎・科學篇 21 所收 河
出書房 昭29). 한글 번역본으로는 琴鍾友역 ≪직업으로서의 학문
≫(전기 서문문고 역서에 포함되어 있음).

3. 정치문제에 관한 베버의 논문은 나중에 Gesammelte Politische
Schriften(München 1921. 2. Aufl. 1958)(引用符號 PS.)에
수록. 포함된 논문은 26편. 이 논문집에서 국가 의회제도 통치 등
에 관한 부분의 ≪경제와 사회≫의 제4판에 수록되어 있다.

사회경제사

베버의 학문적 활동은 당시 독일의 학문적 상황과 밀접
한 관련을 맺으면서 시작되었다. 처음에 그는 대학에서 법
학을 공부하였지만, 독일의 대학은 역사학파의 세력이 압
도적으로 우세하였으므로, 이러한 기풍 속에서 자라난 그
는 슈타믈러(Rudolf Stammler:1856~1938)로서 대표
되는 新칸트學派의 '형식주의적 法理論'에 정면으로 반대하
는 입장을 취하였다. 이리하여 그는, 법을 다른 社會事想
과 분리시키고 오로지 그것의 規範意味만을 독립적으로 연
구하려는 태도에 불만을 품었으며, 좀더 광범위하게 그러
한 법궤도를 만들어 내게 된 사회적・경제적 여러 요소를
발견해 내는 데 흥미를 가지게 되엇다. ≪고대문화 몰락의
사회적 원인(Die sozialen Gründe des Untergangs
der antiken Kultur. 1896)≫과 ≪古代農業事情(Ag-

rarverhältnisse im Altertum. 1909)≫[1]은 이러한 경
향 속에서 연구된 것들이었다.

즉 여기에서는 법이 얼마만큼 결정적으로 그 경제적·
기술적 배경의 제약을 받고 있는가를 밝힌 것인데, 이러한
연구를 하는 동안에 베버의 관심은 점차 법학에서 경제학
으로 옮아가기 시작했다.

㈜

1. 전자는 베버 사후에 발간된 ≪사회경제사 논문집≫(Gesammelte
   Aufsätze Zur Sozial und Wirtschaftsgeschichte. Tübingen
   1924. ss. 289~311)(인용부호 S.u.W.)에 수록. Kröner에는
   그 전문이 수록되어 있다. 일어 번역본이 있다. 堀米庸三 譯 ≪古
   代文化沒落論≫(世界大思想全集 社會·宗敎·科學篇 21 所收 河
   出書房 昭29).

   後者는 처음에 Handwörterbuch der Staatswissenschaften,
   3. Aufl. 1909에 게재되어 있었으나, 오늘날은 전기 S.u.W. ss.
   1~288에 수록되어 있다. 일어 번역본이 있다. 增田四朗 譯 ≪古
   代社會經濟史≫(東洋經濟新報社 昭34). 그 중에서 로마 제정시대
   의 경제와 사회를 설명한 부분(ss. 253~278)은 전기(前記)
   Kröner에 〈Wirtschaft und Gesellschaft im Rom der Kai-
   serzeit〉라는 장으로 수록. 전기(前記) 〈논문집〉에는 이 밖에도
   베버의 학위논문과 '동엘베地方의 農業勞動者事情' 기타 2편의 논
   문이 수록되어 있다.

사회과학방법론

이와 같이 그는 처음에 역사학과의 전통을 따라 종래의
規範的 法學을 반대하고 경제와 사회적 현실의 문제에 흥
미를 가지게 되었으나, 이러한 상태에 그는 오래 머물지
않았다. 역사학파에 속하는 당시의 독일 학자들은 언필칭

'民族精神(Volksgeist)'이라는 것을 앞세우고는, 법·정치·경제 기타 역사과학의 대상이 되어 있는 모든 현상을 이 민족정신에서 연역적으로 처리해 버리는 경향이 있었는데, 이와 같이 형이상학적인 불투명 속에서 모든 것을 제멋대로 다루는 것이 베버에게는 도무지 납득이 가지 않았다.

그러면 역사과학의 대상이 되어 있는 사회현상은 이것을 어떻게 취급해야 할 것인가. 여기에 당시의 유명한 사회과학방법론 논쟁이 벌어지게 되었는데, 그가 로셔(Roscher), 크니스, 마이어(Eduard Mayer), 슈타믈러 등과 이 문제에 관하여 치열한 논쟁을 전개하는 동안에 명백히 한 것은 '理念型' '客觀的可能性判斷' '因果歸屬' 등에 관한 이론이었으며, 여기에 그의 '理解社會學(verstehende Soziologie)'은 그 기초의 확립을 보게 되었다.

베버는 그의 社會科學方法論 내지 理解社會學에 관하여 체계적인 저서를 낸 일은 없다. 물론 그는 이해사회학에 관한 자신의 이론의 골자를 요약하여 사후에 간행된 ≪경제와 사회(Wirtschaft und Gesell-schaft)≫의 제1부 제1장에 쓰기는 하였으나(이 책에 관하여는 後述), 본래 그의 이론은 학자들과의 논쟁을 통하여 발전되어 간 것이다. 그리고 이러한 논쟁을 위하여 발표된 그의 논문들은 그의 사후에 간행된 ≪學問論文集≫(Gesammelte Aufsätze Wissenschaftslehre. Tübingen 1. Aufl. 1922. 2. Aufl.

1951.) (인용부호 WL.)에 수록되어 있으며, 그 내용은 다음과 같다.

① Roscher und Knies und die logischen Probleme der historischen Nationalökono- mie. 1903~1906. (WL. 1~145). 日譯. 松井秀親 譯. ≪ロツシヤ ―と クニース≫ Ⅰ・Ⅱ 未來社 昭 30.

② Die "Objektiviät" sozialwissenschaftlicher und sozialpolitischer Erkenntnis. 1904.(WL. 146~214) (Kröner: Max Weber 186~262) 英譯. (Shils and Finch, Objectivity in Social Science and Social Policy, in : The Methodology of the Social Sciences.1949) 日譯. 富永祐治 立野保男 共譯 ≪社會科學方法論≫ (岩波文庫 昭 11, 27) 出口勇藏 譯 ≪社會科學および社會政策的認識の客觀性≫(世界大思想全集 社會・宗敎・科學篇 21 所收 河出書房 昭 29)・出口勇藏 譯 ≪社會科學認識論―社會科學および社會政策の認識の客觀性≫(河出文庫 昭 30). 戶田武雄 譯 ≪社會科學的及び社會政策的認識の客觀性≫(≪社會科學と價値判斷の諸問題≫ 所收 有斐閣 昭 11, 21).

③ Kritische Studien auf dem Gebiet der kulturwissenschaftlichen Logik. 1906. (WL. 215~290) 英譯. Shils and Finch ≪Critical Studies in the Logic of the Cultural Scien- ces≫ (in: The Methodology of the Social Sciences. 1949)

④ R. Stammlers "Überwindung" der materialisti-

schen Geschichtsauffassung. 1907. (WL. 291~359)
Nachtrag aus dem Nach- lass. (WL. 556~579. 2.
Aufl. 360~383)

⑤ Die Grenznutzlehre und das "psycho- physische
Grundgesetz" 1908. (WL. 360~375. 2. Aufl. 384~39
9) 日譯. 鬼頭仁三郎 譯 ≪限界效用學說と精神物理學
的基礎法則≫ (商學硏究 東京帝大 5券 1號 大14)

⑥ "Energetische" Kulturtheorien, 1909. (WL. 376~
402. 2. Aufl. 400~426)

⑦ Über einige Kategorien der verstehende Soziolo-
gie. 1913. (WL. 430~450. 2. Aufl. 427~474) (Krö-
ner 97~150). 日譯. 坂田太郎 譯 ≪理解社會學の若干
の範疇に就いて≫ (社會學徒 4券 9號 11號 昭 5).

⑧ Der Sinn der 〈Wertfreiheit〉 der soziologischen
und ökonomischen Wissenschaften. 1917. (WL. 451~
502. 2. Aufl. 475~526) (Kröner 263~310). 英譯.
Shils and Finch ≪The Meaning of 'Ethical Neutrality'
in Sociology and Economics≫ (in: The Methodology
of the Social Sciences 1949). 日譯. 戶田武雄 譯 ≪社
會學的及び經濟學的科學の '沒價値性'の意味≫ ('社會科
學と價値判斷の諸問題'所收 有斐閣 昭 12, 21).

⑨ Soziologische Grundbegriff. (WL. 2. Aufl. 527~
565). 이것은 ≪經濟와 社會≫의 제1부 제1장에 있는 것
을 제2판 編者가 轉載한 것. 英譯·日譯에 관하여는 ≪經
濟와 社會≫의 책 소개 때에 쓰기로 한다.

⑩ Wissenschaft als Beruf. 1919. (WL. 524~555. 2. Aufl. 566~597) (Kröner 311~399). 이 論文과 그 英譯・日譯에 관하여는 前述.

이상과 같은 논문들을 수록한 ≪學問論論文集≫은 베버의 社會科學方法論을 연구하는 데에 있어서 가장 중요한 문헌으로 되어 있다. 그중에서도 특히 중요한 것은 2・3・7・8의 넷인데, 여기에서 2・3・8을 英譯한 것이 Edward Shills and Henry Finch ≪The Methodology of the Social Sciences≫ (1949)이며, 이것은 오늘날 미국의 大學에서 세미나用으로 많이 사용된다고 한다.

종교사회학

사회와 역사를 인식함에 있어서는 형식적・법적인 요소보다도 경제적인 요소에 더 중점이 두어져야 한다는 것이 베버의 변함없는 입장이었고, 그리고 그의 社會科學方法論은 이러한 각도에서 이론구성이 되었던 것이다.

동시에 그는 이러한 방법론의 밑에서 실제 문제의 분석에도 착수하였으며, 그리고 이때 취급된 문제는 '어떻게 하여 西歐에는 자본주의가 발생하였는가'라는 것이었다. 그리고 그의 경향은 일견 사회주의자들의 그것과 비슷하였다고도 말할 수 있다. 뢰비트(K. Löwith)가 베버와 마르크스를 비교하는 책을 쓴 것도[1] 이러한 점에서 수긍이 된다.

그러나 그럼에도 불구하고 베버는 결코 단순한 유물론자는 아니었다. 그는 마르크스 이상으로 인간이 경제적인

것에 이끌린다는 것을 인정하기는 하였으나, 동시에 그는
또한 그보다 못지않게 종교적인 것이 사회와 문화의 형성
에 결정적인 역할을 해왔다는 것을 인정하고 있었다.

　정확한 방법으로 사회를 똑바로 분석했기 때문에 그는
— 유물론자와 같이 물질 일변도로 모든 것을 결정론적으
로 설명하는 독단에 빠지지 않고 — 물질적인 것과 정신적
인 것을 다 중요시하는 입장에 서게 되었던 것이다. 즉 그
가 그리는 인간상은 물질적 욕망에만 사로잡혀서 움직이는
지극히 추악한 면을 가지고 있는 반면에 또한 신(神)과도
통할 수 있는 지극히 숭고한 면도 가지고 있는 것이었다.

　이리하여 그는 자본주의의 성립과 발달에 있어서 종교
의식이 얼마나 중요한 역할을 하였는가를 밝히기 위하여
저 유명한 ≪프로테스탄트의 윤리와 자본주의의 정신(Die
Protestantische Ethik und der 'Geist' des Kapi-
talismus 1904~5≫을[2] 발표하였고, 더 나아가서는 좀
더 범위를 넓혀서 일반적으로 종교와 경제의 관계를 밝히
기 위하여 — 비록 완성은 되지 못하였지만 — ≪세계종교
의 경제윤리(Die Wirtschaftsethik der Weltreligion
1915~18≫[3]라는 대저작을 내게 되었다. 특히 후자가 대
전 기간 중에 발표되었다는 것은 주목할 만한 일이다.

　물질문명이 극도로 발달된 결과가 이와 같은 대량살상
의 길밖에는 마련하지 못하였던가를 생각할 때 아마 그는
종교적인 것을 더욱 강조하고 싶은 생각이 들었을지도 모

를 일이다.

㈜

1. Karl Löwith, Max Weber und Karl Marx. (Archiv für Sozialwissenschaft und Sozialpolitik 67/1-2. 1932).
2. Die protestantische Ethik und der 'Geist' des Kapitalismus. Arch. f. Sozialwissensch aft. 20, 21(1904~5). Neudruck(Stuttgart 1934). RS. Ⅰ. 17~206(kröner 357~381. 이것은 RS. Ⅰ. 163~206에 해당하며 제목은 Asketischer Protestantismus und kapitalistischer Geist). 韓譯. 權世元·姜命圭 共譯. ≪프로테스탄트의 윤리와 자본주의의 정신≫(1958년 일조각). 英譯. Parsons, Talcott ≪The Protestant Ethic and Spirit of Capitalism, with a Foreword by Tawney≫ (London 1930). R.W. Green ed. ≪Protestantism and capitalism≫ 1956. 日譯. 梶山力 譯 ≪プロテスタンテイズムの倫理と資本主義の精神≫ (經濟學名著飜譯叢書 4卷 有斐閣 昭 13), 阿部行藏 譯 ≪プロテスタフンテイズムの倫理と資本主義の精神≫ (世界大思想全集 社會·宗教·科學篇 21卷 河出書房 昭 29)(河出文庫 特裝版 昭 30). 梶山力·大塚久雄 譯 ≪プロテスタンテイズムの倫理と資本主義の精神≫ 上卷(岩波文庫 昭 30)
3. 이 論文은 死後에 편집된 宗敎社會學論文集(Gesammelte Aufsätze zur Religionssoziologie. Tübingen Bd. Ⅰ. 1920, 4. Aufl. 1947; Bd. Ⅱ. und Ⅲ. 1921, 2. Aufl 1923). (引用符 號 RS. Ⅰ.Ⅱ.Ⅲ.)에 수록되어 있다. ≪宗敎社會學論文集≫의 구성은 다음과 같다.(RS. Ⅰ.)
① Vorbemerkung zu Band 1 der Gesammelten Aufsätze Zur Religionssoziologie (Tübingen 1921). RS. Ⅰ.1-16. (Kröner 340~356 全文). 英譯. Parsons, Talcott ≪Author's Introduction≫ in: The Protestant Ethic and the Spirit of Capitalism. 1930.
② Die protestantischen Ethik und der 'Geist' des Kapitalismus. RS. Ⅰ. 17~206. 詳細한 것은 前述.
③ Die protestantischen Sekten und der Geist des Kapitalismus. 1906. RS. Ⅰ. 207~236. (Kröner 382~397). 英譯.

Gerth and Mills ≪The protestant Sects and the Spirit of Capitalism≫ in: From Max Weber 1958. 日譯. 杉浦宏 譯 ≪アメリカ資本主義とキリスト教≫ (喜久屋書店 昭 21).

④ Die Wirtschaftsethik der Weltreligionen.

A. Einleitung. 1915. RS. Ⅰ. 237~275. (Kröner 398~440 全文). 이것은 베버의 宗敎社會學의 핵심을 평이하게 요약한 중요한 문헌이다. 英譯. Gerth and Mills, The Social Psychology of the World Religions. in: From Max Weber. 1958. 日譯. 細谷德三郎 譯 ≪儒敎と道敎≫의 緖論.

B. Konfuzianismus und Taoismus. 1915. RS. Ⅰ. 276~536. 英譯. Gerth and Mills, The Chinese Literati, in: From Max Weber 1958. (Kap. Ⅴ. Der Literatenstand의 번역). Gerth, The Religion of China, Confucianism and Taoism (Glencol, Illinois 1951). 日譯. 細谷德三郎 譯 ≪儒敎と道敎≫ (弘文堂) 昭 15.

C. Zwischenbetrachtung. Theorie der Stufen und Richtungen religiöser Weltablehnungen. 1915. RS. Ⅰ. 536~573. (Kröner 441~483 全文). 역시 베버의 종교사회학에 있어서 중요한 문헌이다. 英譯. Gerth and Mills, Religious Rejections of the World and their Directions. in: From Max Weber. 1958. 日譯. 杉浦宏 譯 다음 D 참조(RS. Ⅱ.)

D. Hinduismus und Buddhismus. 1916~17. RS. Ⅱ. 1~378. 英譯. Gerth and Martindale, Hindu Social System: withan introduction by D. Martindale and a Bibliography on Max Weber by H. Gerth and H.I.Gerth.(Minneapolis 1950). Gerth and Martindale, The Religion of India, 1959. 日譯. 杉浦宏 譯 ≪世界宗敎の經濟倫理≫(中間考察, 宗敎的現世拒否の段階及び方向の理論, ヒンズ — 敎と佛敎)≫ 上 (宗敎社會學論集 みすず"書房 昭 28. 杉浦氏는 過勞로 인하여 佛敎의 부분은 끝내지 못하고 죽었다.(RS. Ⅲ)

E. Das antike Judentum. 1917~18 RS. Ⅲ. 1~400. 英譯. Gerth and Martindale, Ancient Judaism (Illinois 1954). 이 英譯本 속에는 다음 F의 부분도 포함.

F. Die Pharisäer. RS. Ⅲ. 401~442. 英譯에 관하여는 E 참조.

경제와 사회

이와 같이 베버는, 일면에서는 역사학파의 경향을 따르는 경제학과 법학을 비판하고, 그리고 다른 면에서는 마르크스주의자들과도 손을 잡지 않은 채, 독자적인 자기의 사회이론을 발전시켜 왔다. 1909년 가을에 그가 비엔나에서 개최된 社會政策學會에 출석하였을 때는 지금까지의 역사학파가 학문의 이름 밑에서 도덕적 가치판단을 주장하는 잘못을 저질러 왔다고 공격하는 동시에 그 학회의 다수파였던 사회주의적 경향 또한 맹렬히 반박한 일이 있었다.[1]

이리하여 그는 점점 더 자기의 사회학 체계를 시급히 완성시킬 필요를 느끼게 되었다. 바로 그 해에 ≪사회경제학강요(Grundriss der Sozialökonomik)≫라는 전집이 계획되었고, 베버는 그 편집을 맡아 보기로 하였는데, 동시에 그는 그 전집의 한 책으로서 ≪경제와 사회(Wirtschaft und Gesellschaft)≫[2]를 쓰기로 예정해 놓았다. 오늘날 우리가 볼 수 있는 이 책(제4판)의 제2부(舊版에서는 제2부 제3부로 나누어져 있음)는 집필 수락 직후부터 착수하여 대전 직전까지에 쓰어진 것이며, 제1부는 1919년(사망 전년)에 뮌헨 대학에서 〈사회학의 일반범주〉라는 제목을 강의할 때에 쓰어진 것으로 알려져 있다. 그러나 베버는 이 책을 완성시키지 못한 채 죽었고, 유고는 그의 부인에 의하여 이듬해인 1921년에 발간되었다.

이와 같이 사회학 체계를 완성시켜 보려던 그의 초지(初

志)는 불의의 사망으로 중단되고 말았으나, 약 1천 매에
달하는 이 거대한 유고(遺稿)만으로도 우리는 그의 이론체
계가 얼마나 웅대하고 세밀하였는가를 짐작할 수 있다. 동
시에 여기에는 그때까지의 독일의 문화적 유산은 물론이
고, 프랑스의 뒤르켐(Emile Durkheim: 1858~1917)
이라든가 스위스의 파레도(Vilfredo Paredo: 1848~
1923)와 같은 인접국가의 학문적 성과까지도 흡수하여 이
것들을 자기의 체계 속에 집어넣은 것으로서, 비록 미완성
으로 되어 있기는 하지만, 이 책을 19세기의 학문적 성과
를 총결산하는 동시에 20세기의 학문적 방향을 지시해 준
세기적인 대저작의 하나로 지목할 수 있는 것만은 부인할
수가 없다.

㊟

1. Debattereden auf der Tagung des Vereins für Sozialpoli-
tik in Wien 1909 zu den Verhandlungen über die Pro-
duktivität der Volkswirtschaft. 日譯. 戶田武雄 譯 ≪1909年
の維納の社會政策學會の日程に於ける國民經濟の生産性に關する論
議のための討論演說≫ (〈社會科學と價値判斷の諸問題〉 收錄 有斐
閣 昭 12, 21). 이 논문은 社會學과 사회정책에 관한 베버의 논문
들을 모아서 발간한 Gesammelte Aufsätze zur Soziologie
und Sozialpolitik (Tübingen 1924) (引用符號 S.u.S.)에 수
록되어 있다. 그러나 이 論文集에 수록된 논문들은 대개가 討論演
說을 위하여 꾸며진 것이다. 총 19편.
2. ≪經濟와 社會≫는 베버 硏究를 위하여는 가장 중요한 문헌이므로
약간 자세하게 考證할 必要가 있다.
Wirtschaft und Gesellschaft als Teil im Grundriss für
Sozialökonomik bei J.C.B. Mohr(Paul Siebeck) (Tübingen

1. Aufl. 1921, 2. Aufl. 1925, 3. Aufl. 1947, 4. Aufl. 1955).(引用符號 W.u.G.) (第 1・2・3版의 目次)

Erster Teil. Die Wirtschaft und die gesellschaftlichen Ordnungen und Mächte.

Kap. Ⅰ. Soziologische Grundbegriff.

Ⅱ. Soziologische Grundkategorien des Wirtschaftens.

Ⅲ. Die Typen der Herrschaft.

Ⅳ. Stände und Klassen.

Zweiter Teil. Typen der Vergemeinschaftung und Vergesells chaftung.

Kap. Ⅰ. Wirtschaft und Gesellschaft im allgemeinen.

Ⅱ. Typen der Vergemeinschaftung und Vergesellschaftung.

Ⅲ. Ethnische Gemeinschaften.

Ⅳ. Religionssoziologie.

Ⅴ. Markt.

Ⅵ. Die Wirtschaft und Ordnung.

Ⅶ. Rechtssoziologie.

Ⅷ. Die Stadt.

Dritter Teil. Typen der Herrschaft.

Kap. Ⅰ. Herrschaft.

Ⅱ. Politische Gemeinschaft.

Ⅲ. Machtgebilde "Nation."

Ⅳ. Klassen, Stand, Parteien.

Ⅴ. Legitimität.

Ⅵ. Büreaukratie.

Ⅶ. Patrimonialismus.

Ⅷ. Wirkungen des Patriarchalismus und des Feudalismus.

Ⅸ. Charismatismus.

Ⅹ́. Umbildung des Charisma.

Ⅺ. Staat und Hierokratie.

이 밖에 제2・3・4版에는 Anhang: Die rationalen und soziolo-gischen Grundlagen der Musik.(1911)가 수록되어 있다. 제 4판은 後術하는 바와 같이 編別이 전혀 달라졌다. 그러나 현재까 지 구할 수 있는 베버 연구 문헌은 거의 전부가 제2(3)판을 근거로 한 것들뿐이므로, 우선 먼저 이상의 編別을 따라 그 譯者부터 소개하기로 한다.

英譯

① Talcott Parsons, The Theory of Economics and Social Organization.(New York 1947)

이것은 제1부(Erster Teil)의 全譯. 卷頭의 Introduction에는 베버의 생애와 학설이 자세히 소개 검토되어 있다. 번역은 철저하게 意譯을 위주로 하였지만 베버의 참뜻은 잘 전달되어 있는 것 같다.

② H. H. Gerth and C. W. Mills, "Power" in: From Max Weber. 1958. 여기서는 제3부의 Kap. Ⅲ — Ⅵ. Ⅸ 의 5개 章이 譯載되어 있다.

③ Ed. Shils and Max Rheinstein, On Law in Economy and Society(20th Century Legal Philosophy Series) (Cambridge-Massachusetts 1954). 제1부의 Kap. Ⅰ.의 일부분과 제2부의 Kap. Ⅵ, Ⅶ과 제3부의 Kap. Ⅰ, Ⅱ가 譯載되어 있으며, 卷頭에는 라인슈타인 교수에 의한 베버의 法理論의 상세한 소개문이 실려 있다.

④ Don Martindale and Gertrud Neuwirth, The City. (Illinois 1958)

日譯

① 阿閉吉男・內藤莞爾 譯 ≪社會學の基礎槪念≫(角川文庫 昭 28). 제1부 제1장의 全譯. 이밖에도 部分譯 要譯이 日本에서 數種 나왔으나 생략한다.

② 濱島朗 譯 ≪權力と支配≫(みすず書房 昭 29) 제1부 제3・4장, 제3부 제1・2・3・4・5・6장의 全譯.

③ 阿閉吉男・脅圭平 譯 ≪官僚制≫(創文社 フォルミカ選書 昭 29). 제3부 제6장의 全譯.

④ 濱島朗 譯 ≪家産制と封建制≫(みすず書房 昭 32). 제3부 제7・8장의 全譯. 本譯書에는 나중에 부록으로 Die drei reinen Typen der legitimen Herrschaft의 譯文이 첨가되었는데, 이것의 原文은 ≪經濟와 社會≫의 제4판에 수록되었다.

⑤ 石尾芳久 譯 ≪法社會學≫(1957년 法律文化社). 本譯書에는 '支配の諸類型と法の歷史的發展'이라는 제목으로 譯者의 자세한 해설이 붙어 있다.

⑥ 山根銀二 譯 ≪音樂社會學≫(鐵塔書院 昭 5, 有斐閣 昭 29).

韓譯
韓泰淵·金南辰 공역 ≪官僚制≫(葦聲文化社 1959년).

≪경제와 사회≫의 제4판은 1959년에 Johannes Winckelmann의 교정에 의하여 출판되었다. 卷頭에 本書의 발생사에 관한 엄밀한 고증이 있고, 이에 따라 編別을 바꾸었으며, 새로운 부분의 추가와 정오표, 외래어와 술어의 해설, 상세한 색인, 각판의 면호대조표 등이 있어서 참으로 편리하다.

(제4판의 목차)

당).

VI. Die Marktgemeinschaft. 382~385. (舊版 2. Teil Kap. V
에 해당).

下卷(Zweiter Band)

Kap. VII. Rechtssoziologie. 387~513 (舊版 2. Teil Kap. VII에
해당. 面號는 2·3·4판이 同一함).

VIII. Politische Gemeinschaften. 514~540. (舊版 3. Teil Kap.
II·III·IV에 해당).

IX. Soziologie der Herrschaft. 541~876.

Abs. 1. Strukturformen und Funktionswesen der Herrscha-
ft. 541~550. (舊版 3. Teil Kap. I 에 해당).

Abs. 2. Die drei reinen Typen der legitimen Herrschaft.
551~558. (제4판에서 새로이 附加된 部分).

Abs. 3. Wesen, Voraussetzungen und Entfaltung der büro-
kratischen Herrschaft. 559~587. (舊版 3. Teil Kap. VI에
해당).

Abs. 4. Patriarchale und patrimoniale Herrschaft. 588~632.
(舊版 3. Teil Kap. VII에 해당).

Abs. 5. Feudalismus, Ständestaat und Patrimonialismus.
633~661. (舊版 3. Teil Kap VIII에 해당).

Abs. 6. Die charismatische Herrschaft und ihre Umbildung.
662~695. (舊版 3. Teil Kap. V·IX·X에 해당).

Abs. 7. Politische und hierokratische Herrschaft. 696~734.
(舊版 3. Teil Kap. XI에 해당).

Abs. 8. Typologie der Städte. 735~822. (舊版 2. Teil Kap.
VIII에 해당).

Abs. 9. Staatssoziologie. 823~876. (제4판에서 새로이 부가된
부분. 경제사, 직업으로서의 정치, 기타 정치론문집에서 편자가 모
아서 편집한 것이다.

Anhang: Die rationalen und soziologischen Grundlagen der
Musik. 877~928. Verzeichnisse 929~1033.

이상으로써 베버의 학문적 위치와 생애와 업적에 대하
여 槪觀해 보았다. 다음에는 章을 바꾸어 그의 社會理論을

구체적으로 살펴보기로 하자.[1)]

주

1. 베버를 처음으로 원문을 따라 연구해 보려는 분에게는 Kröners Taschenausgabe, Max Weber(Bd. 229) 1956.를 권한다. 여기에는 베버의 저작 중에서 중요한 거의 전부분이 모아져 전재되어 있다. 그리고 다음에는 그의 ≪경제사≫(Wirtschaftsgeschichte. 1923, 2. Aufl. 1924, 3. Aufl. 1958)를 읽는 것이 필요하다. 인용부호는 WG/. 英譯. Knight, General Economic History(New York 1927). 韓譯. 趙璣濬 역 ≪사회경제사≫(문연사 1953년 제1장에서 제3장까지). 日譯. 黑正巖 譯 ≪社會經濟史原論≫(岩波書店 昭 2 제4장까지의 全譯). 黑正巖·青山秀夫 譯 ≪一般經濟史要論≫ 2권 (岩波書店 昭 29, 33). 어느 정도의 윤곽을 알게 되면 ≪經濟와 社會≫의 제1부를 Parsons의 英譯本과 대조해 가면서 읽을 수 있게 될 것이다.

   그리고 베버의 해설서는 일본에 좋은 것이 많이 나와 있다. 서양의 해설서는 대개가 해설자의 입장에서 비판이 가해져 있지만 일본인이 쓴 다음과 같은 해설서는 비교적 私見을 집어넣지 않고 충실하게 베버를 소개하려고 하였다는 점에서 初學者는 일독할 필요가 있을 것이다.

   ① 青山秀夫 ≪マックス・ウエ-ベ-の社會理論≫ (岩波書店 昭 25, 昭 31).

   ② 青山秀夫 ≪マックス・ウエ-ベ-≫ (岩波新書 昭 26, 33).

   ③ 金子榮一 ≪マックス・ウエ-ベ-研究≫ (創文社 昭 32). 이 책에는 부록에 베버 문헌의 완전한 일람표가 들어 있다.

   끝으로 비판을 섞어 가면서 베버의 社會理論을 자세히 소개한 책으로는 T. Parsons, The Structure of Social Action.(1949)을 대표로 들 수 있다.

제2장 사회과학방법론

제1절 이념형

이념형

베버의 사회과학 방법론이라고 할 때 누구나 연상하는 것은 理念型(Idealtypus)이며, 그리고 이념형이라고 하면 곧 베버를 연상할 정도로 베버와 이념형은 밀접한 관계가 있다. 그러나 여기에 한 가지 주의해야 할 것은 이념형이라고 부르는 어떤 '그 무엇'을 베버가 처음으로 발명했다고 생각해서는 안 된다는 것이다.

지금까지의 사회과학자들이 사용해 온 개념은 그 어느 것이든지, 그리고 사회과학자가 그것을 자각하든 아니든 모두 이념형적인 성격을 가지고 있었다고 주장하고, 이러한 자각의 밑에서 자신의 사회이론을 전개하려고 하였다는 데에 베버의 참뜻이 있었던 것이다. '그러므로 여기에서는 다만 모든, 특히 마르크스주의적인 법칙이나 발전 구성이 이론적으로 결함이 없는 한 이념형의 성격을 가지고 있다고 확인하는 정도에 그친다(WL. 205, Kröner 250f).'라고 말한 것은 마르크스에 대한 베버의 입장을 밝힌 것으로서 주지되어 있는 것이다. 그러나 이와 같이 그가 실제로 사회문제를 분석하고 연구할 때 사용한 몇몇 개념만이 특히 이념형의 성격을 가지고 있는 것이 아니라 사회과학자

가 사용하는 개념은 모두 그렇다고 지적하고 또한 자신의
그러한 자각을 가지고 실제 연구에 임하였다는 데에 베버
의 본의가 있었다는 것을 명기할 필요가 있다.

당시의 독일의 학풍

그러면 그는 어째서 이러한 이념형을 생각하게 되었는
가. 그 유래를 알기 위하여는 베버가 그곳에서부터 출발한
당시의 독일의 학풍을 회고해 볼 필요가 있다.

베버는 자신을 '歷史學派의 아들'이라고 자칭한 일도 있
듯이 사실 그가 1894년에 베를린으로부터 프라이부르크
대학으로 전근하여 경제학을 강의하던 때만 해도, 그는 아
직 역사학파의 영향 밑에 있었다. 그러나 강의를 계속하는
동안에 그는 점점 역사학파에 대하여 비판적인 태도를 취
하게 되었으며, 이러한 태도는 역시 같은 대학에서 강의를
하면서 '자연과학적 개념 구성의 한계'의 연구에 전념하고
있던 젊은 철학자 리케르트(Heinrich Rickert)와의 친교
로 말미암아 더욱 굳어졌다.

이리하여 약 10년의 숙고 후에 그는 학문론 논문집의
처음에 나와 있는 바와 같은 〈로셔와 크니스〉(Roscher
und Knies und die logische Probleme der historis-
chen National-ökonomie, 1903~1906)라는 총 145
면의 대논문을 발표하여 정식으로 역사학파에 반기를 들고
나서게 되었다. 그리고 곧 계속하여 마이어, 史的 唯物論,

'에너지論'的 文化論 등을 상대로 대규모의 論陣을 펴기에
이르렀는데, 이러한 논쟁을 통하여 그가 주로 공격한 것은
종래의 학자들이 빠져 있던 ① 模寫說과 ② 段階思想이었
던 것이다.

모사설

비판적인 입장에서 역사학파를 볼 때 베버가 인정한 그
첫째 특징은 개념을 가지고 단순히 실재의 모사에 지나지
않는 것이라고 보았다는 점이다. 즉 인식의 대상은 —그것
에 대한 인식의 여러 조건과는 관계없이 — 그것 자체(an
sich)로서 일정한 성질을 가지고 있으며 개념(Begriff)은
다만 그것을 모사(abbilden)하고 적출(abstrahieren)한
것, 다시 말하면 그것의 모상(Nachbild)에 지나지 않는다
고 보았다는 것인데, 이런 태도를 모사설(Abbildtheorie,
image theory)이라고 부른다. 물론 이러한 견해는 역사
학파에만 고유한 것은 아니고, 옛날부터의 철학사상에서
흔히 볼 수 있는 상당히 널리 행해지고 있는 생각이었지만
베버는 역사학파의 가장 큰 결점으로서 이 모사설을 들고
는 그것에 대한 공격으로부터 시작하였던 것이다.(WL. 1
f.).

개념의 모사설에 의하면, 개념이라는 것은 많은 사물로
부터 공통적인 징표(Merkmal)를 끄집어 냄으로써 성립
된다고 한다. 가령 帽子의 개념은 많은 모자로부터 그것들

에게 공통되어 있는 징표를 끄집어 냄으로써 성립될 수 있다는 것이다. 그리고 모사설에 의하면, 여기의 공통적인 징표라는 것은 많은 모자가 그것 자체로서 '가지고 있는' 성질을 말한다.

그러나 신사帽, 학생帽, 베레帽, 실크햇, 헬멧 등등으로부터 끄집어 낼 수 있는 '공통적인 *徵表*'라는 것은 과연 어떤 것일까. 군인이 쓰는 헬멧 철모는 그 '형태'에 관한 한 베레帽보다는 도리어 냄비[鍋]에 가깝다. 또한 중세의 일본무사가 쓰던 軍帽는 도리어 한국 사람의 버선에 가깝다. 그러므로 형태의 면에서 여러 모자에 공통되어 있는 징표를 끄집어 낼 수는 없는 것이다.

'色彩'에 관해서 말한다면, 모자에는 거의 모든 색채가 다 사용될 수 있으므로 여기에서도 공통적인 징표를 끄집어 낼 수는 없다.

그리고 '材料'에 관해서도 이 점은 마찬가지다. 그러므로 하나하나의 모자가 가지고 있는 감각적 성질에 착안하여 그것으로부터 공통적인 징표를 摘出해 낸다는 것은 절대로 불가능하다는 것을 인정하지 않을 수 없다.

우리가 가지고 있는 모자의 개념은 이렇게 해서 얻어지는 것이 아니라 모자를 머리 위에 올려놓음으로써 머리를 보호한다든가 장식에 이용한다는 그 '용도'를 통하여 모자의 개념이 구성되는 것이다. 즉 모자의 개념은 사람이 ― 主體가 ― 물건에 대하여 어떠한 태도를 취하는가, 다시 말하면 認識關心(Erkenntnisinteresse)이 어떠한가를 떠나서는 성립될 수 없는 것이다. 그러므로 일반적으로 개념이라는 것은 認識主觀이 피동적으로 대상을 模寫함으로써 얻어지는 회색의 환상 — 즉 鏡像(Spiegelbild) — 을 말하는 것이 아니라, 반대로 주관이 능동적으로 문제를 설정하고 인식관심을 따라 대상을 整序하고 한정하기 위한 관점(Gesichtspunkt)으로서의 의의를 가지는 것이다.

베레모나 헬멧을 다 같이 모자라고 인정하기 위하여는 여기에 미리 비교의 관점 또는 추정의 기준이 있어서, '그것에 관하여' 양자가 같다, 또는 공통적이다라고 인정되지 않으면 안 된다. 소와 소나무는 전자가 동물이요 후자가 식물이라는 점에서는 다르지만, 생물이라는 점에서는 같다고 인정되는데, 이와 같은 비교의 관점을 떠나서 그것 자체로서 같은가 다른가를 운위한다는 것은 질문 자체가 무의미하다고 하지 않을 수 없다. 그리고 여기의 비교의 관점 또는 측정의 기준이 다름 아닌(모자의) 개념이며, 이러한 관점 또는 기준은 사물의 模像이 아니라 반대로 사물에 대한 능동적인 문제 설정을 통하여 구성된 것이다.

개념과 이념형

개념은 이러한 성격을 가지고 있으므로 개념과 그것에 의하여 제시되는 구체적 사물은 반드시 비슷한 모습을 해야 할 필요는 없다. 이것은 우리가 자연과학상의 개념을 생각해 본다면 곧 이해할 수 있다. 자연과학에서는 가령 위치·운동·열·전기 등의 현상은 모두 에너지로서 이해되고 있는 것이지만, 이것은 감각적으로 비슷한 성질을 가지고 있는 에너지라는 공통요소가 그것들에 모두 들어 있기 때문이 아니라 에너지의 법칙을 가지고 그것들을 동일한 카테고리 속에서 서로 관련시킬 수 있기 때문이다. 또는 力學에서는 直線等速운동이라든가 圓運動이라는 말을 하고 있지만, 감각적으로 대할 수 있는 현실 속에서 그러한 운동법칙에 엄격하게 따르는 운동이 실제로 존재하는 것은 결코 아니다.

직선등속운동·원운동 또는 기타의 모든 자연과학상의 개념은 모두 가능적으로 구상된 '理想的(ideal)'인 개념이며, 이와 같이 가능적으로 구상된 이상적 개념을 매개로 하여 현실에 일어난 현상을 이해하려고 한 점에 과학적 사고의 특성이 있는 것이고, 오늘의 자연과학은 이러한 방법을 통하여 발달되어 온 것이었다.

여기에 ideal하다는 것은 사물을 가능성에서 고찰한다는 것인데, 이와 같이 가능성(Möglichkeit)을 매개로 하여 현실성(Wirklichkeit)을 인식하려고 하였다는 점에 자연과학이 精密科學(exakte Wissenschaft)으로서 성공하게 된 가장 중요한 원인이 있었던 것이다. 그리고 이리하여 만들어지는 개념 속에서는 어디를 보아도 模寫說的인 면모는 찾아볼 수가 없다.

베버가 理念型論을 전개하면서 역사학파를 비판하였을 때 그는 수학이나 자연과학 등의 정밀과학에서 현저하게 자각되어 있는, 개념의 이와 같은 기능(Funktion)을 사회과학의 영역에서도 인정하려고 한 것이라고 볼 수 있다.

'도시경제(Stadtwirtschaft)의 개념은 관찰된 모든 도시 속에 사실상 존재하는 經濟原理를 평균함으로써 얻어지는 것이 아니라 역시 하나의 이념형으로서 구성되는 것이다. 즉 그것은 일개의 또는 약간의 관점을 일면적으로 高昇(Steigerung)시키고 이러한 관점에서 보아 여기에 많고 저기에는 적고 또는 경우에 따라 전혀 없다고 인정되는, 분산해서 존재하는 무수한 개개의 현상을, 그것 자체로서 통일되어 있는 하나의 思想像(Gedankenbild)에 결합시킴으로써 얻어지는 것이다. 그리고 이 사상상은 그 개념적인 순수성에 있어서는 현실 속의 어디에서도 경험적으로는 발견될 수가 없다. 즉 그것은 한 개의 유토피아(U-topie)에 지나지 않는다(WL. 191, Kröner 235).'

단계사상

모사설에 대한 이와 같은 비판은 당연히 우리로 하여금 段階思想으로부터 이탈할 수 있도록 만들어 준다. 여기에 단계사상이라고 함은 가령 경제발전의 段階圖式이라든가 또는 소위 유물사관 公式과 같은, 일반적인 발전법칙을 수립하는 것이 역사연구의 궁극의 목표가 되는 것이며, 따라

서 현실이 제공하는 무수한 측면 중에서 이러한 발전법칙
에 맞는 것만이 본질적이라고 인정하려는 것을 말한다. 베
버가 그의 논문 ≪객관성≫에서 이에 관하여 말한 것을 들
어 보기로 하자.

'그런데 위에서 말한 것으로부터 생겨나는 귀결은, 우리
들의 견해로 하여금 역사학파 — 우리들도 그 아들이지만
— 의 탁월한 많은 대표자들의 견해로부터 이탈하게 해주
는 한 점에 도달하게 한다. 즉 역사학파의 대표자가 항상
명백하게, 또는 암암리에 고집하고 있는 의견에 의하면 모
든 과학의 최종 목표이고 목적으로 되어 있는 것은 그것의
소재를 하나의 개념체계 속에서 整序하는 일이며, 그리고
이 개념체계의 내용은 경험적 규칙성을 관찰하고 假說을
구성하고 또한 그 가설을 驗證(Verifikation)함으로써 얻
어지고, 그리고 서서히 완성되어 가는 것이므로 결국 언젠
가는 하나의 '완결된', 따라서 또한 연역적인 과학이 여기
에서 성립될 수 있으리라는 것이었다(WL. 208, Kröner
254).'

그리고 이와 같이 하나의 槪念體系, 즉 보편적인 법칙을
가지고 全實在를 포섭할 수 있다고 생각하는 것은 물론 옛
날부터 있어 온 일이지만 특히 '일면에서는 생물학적 연구
의 강력한 발전과 다른 면에서는 헤겔의 汎論理主義(WL.
187, Kröner 230)의 영향이 컸던 것은 사실이다.

그리고 이러한 '自然主義的 도그마의 침입(Eindringen

naturalistischer Dogmen)'에 대하여는 피히테 이후의
독일의 관념론철학과 독일의 歷史法學, 그리고 독일의 역
사학과 경제학에 의하여 강력한 반대가 있은 것이지만 그
럼에도 불구하고 '自然主義的 관점은 아직 결정적인 점에
서는 여전히 극복되지 못한 채로 남아 왔다.' 그리고 이
것은 그들이 모사설적인 사고방식을 완전히 벗지 못하고
있었기 때문이다.

즉 현실 속에는 그 무슨 '힘'이라든가 '發展傾向' 같은 것
이 있으며, 이것을 뒤쫓아가면서 파악하는 것만이 가치 있
는 역사연구라고 생각하는 것인데 역사학파에서 말하는
'민족' 또는 '민족정신'이라든가 唯物史觀에서 말하는 역사
발전의 공식 같은 것은 이리하여 생겨난 것이었다.

물론 이러한 '발전단계(Entwicklungsstufen)'(W.u.
G. 64)의 사상에 대하여 베버가 적극적인 언급을 한 곳은
없으나, 그러나 그가 마르크스의 유물사관 공식도 하나의
이념형으로 보아야 한다고 말한 것은(前述) 이 점에 관한
그의 입장을 밝히고도 남음이 있다. 즉 全實在를 하나의
법칙, 특히 하나의 발전법칙을 가지고 총체적으로 파악할
수 있다고 생각한 것이 종래의 발전단계의 사상이었고, 그
리고 이러한 법칙에 도달하려면 實在 속에 '있는' 가장 본
질적인 것을 끄집어 내면 된다고 생각하였던 것이다. 이에
대하여 베버는 實在를 그 본질에 따라 총체적으로 파악한
다는 것은 형이상학적인 癡夢에 지나지 않으며, 우리가 할

수 있는 유일한 것은 다만 認識主觀이 설정해 놓은 측정의 기준 — 즉 理念型 — 을 가지고 그 시야에 들어오는 한도 내의 實在만을 설명하는 것뿐이다.

따라서 유물사관이 말하는 발전법칙 같은 것도 이것을 하나의 이념형으로 인정하여 그런 식으로 보면 그렇게도 보인다,라는 정도로 해둔다면 수긍할 수 있지만 이것을 만일 역사를 지배하는 가장 본질적인 법칙으로서 내세우려고 한다면 이에 대하여는 단연코 반대하지 않으면 안 된다. 물론 우리는 모종의 필요에 의하여 어떠한 發展圖式 같은 것을 만들어 내고 있으며, 그리고 이것은 하나의 발견 수단으로서 극히 높은 索出的 價値(heuristische Wert)를 가지고 있는 것이지만, 이러한 도식은 나중에 우리가 별도로 驗證해야 할 하나의 '가설(Hypothese)'에 지나지 않는 것이요, 결코 그것이 그대로 역사 속에서 실현되는 것이라고 생각해서는 안 된다. 즉 이념형적인 발전 구성과 역사 그 자체는 구별해야 한다(WL. 203~204, Kröner 248~249)고 그는 말하고 있다. 그리고 이와 같은 발전단계의 사상에 대한 그의 거부적 태도는 그가 역사학파뿐만이 아니라 유물사관에 대하여서도 또한 철저하게 반대적 입장에 서 있었다는 것을 말해 주고 있다.

사회학적 카주이스틱

위에서 우리는 베버가 모사설과 단계사상을 어떻게 보

았는가를 알아보았지만, 이것을 통하여 그가 왜 이념형의 이론에 도달하게 되었는가를 충분히 짐작할 수 있는 것이다. 여기에서의 이념형은 하나의 思想像이다. 그것은 실재 그 자체와는 같지 않으며, 또한 類概念(Gattungsbegriff)과 같이 하나하나의 실재가 그것의 본보기가 되어서 그 속에 포섭되는 도식과 같은 것도 아니다. 그것은 하나 또는 약간의 관점을 일방적으로 高昇시킴으로써 만들어지는 것이며, 그리고 우리는 이것을 가지고 실재를 측정하고 또한 비교할 수 있게 된다.

간단히 말하면 그것은 자연과학상의 개념이나 법칙과 같은 것을 사회과학 또는 역사과학에서도 만들어 보려는 것이다. 왜냐하면 이와 같은 이념형을 개입시킴으로써 비로소 현실의 사회생활은 과학적인 엄밀성의 밑에서 이해될 수가 있기 때문이다. 이리하여 베버는, 마치 물리학자가 質點·速度 등의 기초적인 개념을 정해 놓고, 그러고는 이것을 가지고 물리학상의 법칙 몇 가지를 준비해 둠으로써 현실의 物理現象을 엄밀하게 설명하고 있는 것과 마찬가지로, 역사와 사회에 관하여서도 특히 근대자본주의의 여러 현상에 관하여서도 그것을 과학적인 엄밀성을 가지고 이해하기에 필요한 몇몇 기초적인 이념형을 준비해 두려고 하였다.

가령 '支配(Herrschaft)'에 관하여 말한다면 그것이 역사적·사회적으로 가능한 모든 유형을 ABC……式으로 미

리 정해 놓고, 실제로 문제가 되고 있는 어떤 사회의 支配
形態를 'A에 가깝지만 B의 요소도 약간은 들어 있다'라고
설명한다면 이것은 우리의 현실 이해를 가장 정확하게 만
들어 줄 수가 있다. 그리고 이와 같이 가능한 모든 경향을
網羅的으로 열거해 놓은 것을 '카주이스틱(Kasuistik)'이
라고 한다.

그런데 가령 우리가 한 사람의 인간을 육체적으로 설명
하려고 하는 경우에 있어서도 신장·체중·흉위 등등 무수
한 관점이 필요한 것과 마찬가지로 하나의 역사적 현실을
설명할 때 갖추어져야 할 관점의 수효도 사실은 무한히 많
이 있다. 따라서 이러한 관점을 총망라한다는 것은 불가능
한 일이다. 그러므로 베버는 근대 유럽 사회의 역사적 현
실을 이해한다는 것을 주목적으로 하고, 이것과 관련하여
필요한 범위 내에서 다른 사회의 역사적 현실도 설명할 수
있도록 하는, 최소한도의 '관점의 일람표'만을 만들어 보려
고 하였는데, 이것이 ≪경제와 사회≫의 제1부에 전개되어
있는 순수이념형에 의한 사회학적 카주이스틱(soziologi-
sche Kasuistik)이었던 것이다.

理念型이 어떻게 구성되며 그것이 어떻게 사용되는가를
알아보기 위하여는, 필자는 독자에게 현재 우리나라에서 가
장 손쉽게 읽을 수 있는 韓譯 ≪프로테스탄트의 倫理와 資
本主義의 精神≫을 읽을 것을 권고한다. 특히 38~66쪽에

는 〈資本主義의 精神〉이라는 이념형에 관하여 나무랄 데
없을 만큼 충분한 설명이 되어 있다.

　이념형에 대한 베버의 태도는 1909년 이전과 이후에 현
저하게 달라졌다고 주장하면서 그것에 관하여 자세한 분석
을 하는 자가 있다. 매우 흥미 있는 말이지만 본서의 설명
에는 그리 큰 관계가 없으므로 생략한다. 관심이 있는 분은
金子榮一 〈マックス・ウエーバー研究〉(昭 32) 34~42쪽
을 참조.

제2절 인과귀속

과학적인 역사서술과 인과귀속

학자로서의 베버가 항상 자기의 과업으로 삼고 있던 문제는 '어떻게 하면 과학적인 歷史敍述을 할 수 있을 것인가'라는 것이었다. 종래의 역사서술을 보면 거의 전부가 史家의 주관적 신념에 의하여 着色되어 있었기 때문에, 그것을 하나의 역사소설로 인정한다면 별문제겠지만 그것을 가지고 역사과학의 산물이라고 단정하기에는 너무도 거리가 멀다는 느낌이 있었다. 그러면 역사서술에 있어서의 과학성, 또는 그것의 진리로서의 타당성은 과연 우리의 손이 미칠 수 없는 먼 곳에 있다고 보아야 할 것인가. 이것은 참으로 심각한 어려운 질문이 아닐 수 없는데, 이에 관하여 베버가 내놓은 해답은, 그의 '因果歸屬(Kausalzure-chnung)'의 이론이다.

그리고 앞에서 말한 그의 이념형의 이론도 실은 이 인과귀속에 관련시킴으로써만 비로소 그 참된 의의를 발휘할 수 있는 것이었다.

그러므로 인과귀속의 논리적 구조의 문제야말로 베버의 사회과학 방법론에 있어서 그 핵심이 되어 있는 것이라고 말할 수 있다.

인과귀속에 관한 베버의 이론은 학문론 논문집(WL.
215~290)에 수록되어 있는 그의 '文化科學的 論理의 영
역에 있어서의 비판적 연구(Kritische Studien auf dem
Gebiet der Kulturwissenschaftlichen Logik)'의 제2절
인 '역사적 因果考察에 있어서의 객관적 가능성과 적합적
因果聯關(Objektive Möglichkeit und adäquate Veru-
rsachung in der historischen Kausalbetrachnung)'
에 나타나 있다. 그러나 이 절의 문장은 베버가 쓴 것 중에
서도 가장 난해하기로 유명하다. Max Weber, The Me-
thodology of the Social Science, trans, by E.A.
Shils and H. A. Finch. 1949.의 英譯(pp. 113~188)
과 倂讀하면 좋을 것이다.

인과법칙

因果歸屬의 논리적 구조를 해명하기 위해서는 먼저 因
果法則의 본질에 관한 것을 잠시 반성해 볼 필요가 있다.
그리고 이에 관한 베버의 깊은 통찰은 오늘날에는 그것이
자연과학자들 사이에 당연한 일로 통하고 있는 것이지만
당시에 있어서는 참으로 천재적 달관이었다고 찬탄하지 않
을 수 없을 만큼 철저한 것이었다.

오늘날 인과법칙에 관하여 일반지식인이 가지고 있는
상식적 견해는 이것을 다음과 같이 요약할 수 있을 것이
다. 어떠한 현상일지라도 원인 없이 생겨난 것은 없다. 그
러므로 일정한 결과를 가정한다고 하면 여기에는 시간적으

로 그것보다 선행하는 일정한 원인이 있지 않으면 안 되고
그리고 그러한 원인으로 말미암아 이러한 결과는 '惹起'된
것이라고 보지 않으면 안 된다.

인과응보 · 擬人觀

그런데 이러한 상식적 견해의 배후에는 간과해서는 안
되는 중대한 세계관이 숨어 있는데, 그것은 원인에서 결과
로 발전해 나가는 과정 속에는 세계 전체를 지배하는 어떤
커다란 意志가 具現되어 있다는 것이다. '太陽도 그 궤도를
벗어나면 처벌된다'라고 그리스인들은 생각하였고, 또한
뉴턴, 케플러, 갈릴레이, 라이프니츠, 데카르트 등도 자연
질서의 維持者로서 그 어떤 초월적인 인격자를 상정하였던
것이지만, 일정한 원인에 대하여 아주 필연적으로 일정한
결과가 뒤따르는 것을 보자 이것이 결코 우연히 그렇게 된
것이 아니라, 어떤 미지의 인격자(神)에 의하여 그렇게 되
도록 계획적으로 꾸며졌기 때문이라고 보았다는 것은 어떤
면에서는 무리가 아니었다고도 생각된다.

그러나 켈젠도 지적하는 바와 같이[1] 이러한 擬人觀(an-
thropomorphism)에는 원시시대로부터 인류가 물려받은
因果應報의 사상이 그 배경이 되어 있었던 것이다. 즉 원
시인의 생각에 의하면 세계는 하나의 의지에 의하여 지배
되고 있으며, 그 意志는 善因에는 善果를 그리고 惡因에는
惡果를 주는 식으로, 다시 말하면 인과응보의 원리에 맞추

어 세계를 다스린다고 생각되었는데, 이러한 원시적인 인
과응보의 사상은 그후 오랫동안 인류의 思考를 지배하여
오늘날의 자연과학에서도 그 잔재를 남기고 있다.

즉 인과법칙에 대한 최근까지의 해석에 의하면 ① 원인
은 결과보다 시간적으로 先行하고(시간적 선후관계), ②
하나의 원인에는 하나의 결과가 대응하며(對的對應性),
③ 원인과 결과는 相等하다(상대성)는 것이 대체로 인정되
어 있는 것이지만, 이것은 바로 원시적 사고에 있어서 功
은 賞보다 그리고 죄는 벌보다 先行한다는 것과, 하나의
功에는 하나의 賞이 그리고 하나의 죄에는 하나의 벌이 대
응한다는 것과, 공과 죄에는 그것과 대등한 상과 벌이 따
른다는 因果應報의 사상 그대로의 재판이었던 것이다.

그러나 인과응보의 사상에 근거를 둔 이러한 擬人的 自
然解釋은 오늘날 상대성 원리와 量子力學의 이론이 확립되
자 그 자취를 감추게 되었다. 그리고 그 대신 생겨난 것은
자연법칙을 필연의 법칙으로 보지 않고 확률의 법칙으로
본다는 새로운 自然解釋인데, 필연성이라는 것이 본래는
인과응보의 사상에서 유래하였던 것이므로 따라서 자연법
칙에서 필연성을 축출하였다는 것은 자연해석에서 바로 원
시적인 인과응보의 사상의 잔재를 청산하였다는 것을 의미
하게 된다.

㋐

1) Hans Kelsen, Society and Nature 1943. 이 책의 상세한 소

개에 관하여는 拙著 《法哲學》 (3訂版) 제7장을 참조.

사회력 · 경향

돌이켜 사회과학을 본다면 여기에서도 같은 의미의 擬人觀이 오랫동안 지배해 왔다고 말할 수 있다. 물론 사회과학의 대상은 인간이고, 그리고 인간은 인격을 가지고 있으므로 사회과학이 擬人的이라는 것은 당연한 일이 아닌가라고 반문할 수도 있을 것이다. 그러나 여기에서 말하는 것은 그런 뜻이 아니고 종래의 사회과학은 사회 그 자체를 하나의 인격으로 보았다는 것을 말할 뿐이다.

근세의 사상가들은 소위 自然法思想을 가지고 사회를 해석하였는데, 이것에 의하면 어떤 초월적인 의지를 想定하고 그것의 '보이지 않는 손'에 이끌리어 사회는 움직이는 것이라고 설명하지 않는 이상 사회질서는 해석할 수가 없다는 것이었다. 그리고 이것은 초기의 自然探究者들이 자연의 창조자로서 神을 생각한 것과 정확하게 일치하는 것이었다. 물론 19세기에 이르러 일어난 역사주의나 實證主義에 있어서는 이러한 자연법적 형이상학은 철저하게 배격되었다.

역사나 사회는 이것을 인간적 자연에서 연역적으로 설명되어서는 안 되고 또한 만고에 변함없는 神意的 規範秩序를 중심으로 이해되어서도 안 되며, 그것은 오로지 인간이 역사적으로 다해 온 뚜렷한 사실을 토대로 하고서 구명되고 탐구되어야 한다고 주장되었다. 그렇기 때문에 당시의 사회과학은 종래의 신성한 품격을 버리고 세속화되었다고 말하게 되었던 것이다.

그러나 그렇다고 해서 19세기의 사회과학이 종래의 擬人觀을 완전히 청산하였던 것인가 하면 반드시 그렇게는 볼 수가 없었다. 헤겔의 세계정신(Weltgeist)이나 역사학파의 민족정신(Volksgeist)이 하나의 인격 또는 하나의 주체로서 취급되어 온 것은 물론이거니와 국가나 단체를 하나의 法人으로서 人格視하는 것은 모든 사회과학을 통하여 공공연하게 행하여졌던 것이다.

뿐만 아니라 實證主義的인 사회과학에 있어서는 사회학적인 '힘'이라든가 사회가 움직여 나아가는 '경향'을 포착하여 여기에서 사회법칙을 끄집어 내려고 하였던 것이지만 여기에서 힘 또는 경향이라는 관념의 배후에는 항상 그러한 힘을 발휘하고 또는 그러한 경향으로 흘러가는 그 무엇 — 즉 某種의 주체 — 이 예상되었던 것이며, 여기에 역시 擬人觀의 잔재가 남아 있었던 것이다.

그런데 베버가 그의 사회과학방법론에서 비판적 主眼目으로 삼은 것은 바로 이러한 擬人觀이었다.

그리고 이것은 최근의 자연과학이, 자연법칙을 필연의 법칙이 아니라 확률의 법칙이라고 봄으로써, 종래의 자연과학이 빠져 있던 擬人觀으로부터 자신을 해방시킨 것과 相應하는 획기적인 시도였다고 말할 수 있다. '그러면 擬人

觀으로부터의 解放'을 사회과학에서 이루어 보려는 베버의
시도는 어떠한 이론전개로서 나타났던 것인가.

문제의 제기

사회과학을 擬人觀으로부터 해방시키기 위하여는 사회
법칙을 구성함에 있어서 우선 그 무슨 '힘'이 사회 속에 작
용하고 있다는 생각을 버리지 않으면 안 된다. 왜냐하면
사람은 하나의 육체적 존재로서 자연적 과정 속에서 생존
하고 있으며, 그리고 이렇게 생존함에 있어서는 끊임없이
주위에서 오는 '자연적인 힘'의 압박을 받고 있는 것인데,
이때에 가령 이러한 자연적인 힘 외에 '사회적인 힘' 또는
'역사적인 힘'을 가정하고, 그러고는 이것이 독자적인 '運動
法則'을 따라 움직인다고 생각한다 할지라도, 그것이 항상
자연적인 힘에 의하여 방해되고 파괴되는 것을 인정하지
않을 수는 없는 것이므로 자연법칙과는 별도로 독자적으로
성립되는 사회법칙을 인정한다는 것은 여기에서는 불가능
하게 되기 때문이다.

그러므로 지금까지의 예를 보더라도 사회적인 그 무슨
힘을 기초로 구성된 사회이론에 있어서는 그 어느 것이든
지 사회과학의 독자성을 부인하고 그것을 자연과학 속에
합병시키는 부당한 결과가 초래되었던 것이다. 이와 같이
사회적인 힘을 가정하면서 사회법칙을 구성하려고 하는 경
우에는 그것은 사회법칙과 자연법칙을 구별할 수 없는 곤

경에 빠지게 된다. 동시에 사회적인 힘을 가정하는 것이 그러한 힘을 부리는 某種의 主體가 사회 속에 존재한다는 擬人觀에 빠지지 않고서는 불가능하다는 것도 또한 곧 짐작할 수가 있다.

그러면 자연법칙과 사회법칙을 각별로 定式化하기 위하여는 어떠한 방법을 써야 할 것인가. 이에 관하여 베버는 다음과 같은 문제를 제기하였다.

'法學理論에 있어서와 마찬가지로 우선 다음과 같은 문제를 제기해 보기로 하자. 실제에 있어서는 항상 무수히 많은 요소가 원인이 되어 하나하나의 '과정'의 출현을 제약하고 있으며, 그리고 또한 어떠한 결과가 구체적인 형태를 가지고 나타나기 위해서는 원인이 되는 그 要素의 어느 하나도 없어서는 안 되는 것인데, 그렇다면 구체적인 하나의 '結果'를 개별적으로 어느 하나의 '원인'에다 귀속시킨다는 것은 도대체 원리적으로 어떻게 가능하며 또한 그렇게 할 수 있는 것인가(WL. 271. Shils and Finch 169).'

즉 구체적인 하나의 사건 B가 일어나기 위하여는 A A′ A″…… 등등 수많은 원인을 가정하지 않으면 안 되고, 그리고 이것들은 B라는 발생에 대하여는, 이를테면 모두 동등한 '힘'을 가지고 있는 것이므로, A 하나 때문에 B가 생겨났다고 단정하는 것은 원리적으로는 불가능하게 된다. 다시 말하면 A 하나만에다가 인과귀속을 시킬 수는 없게 된다. 그러나 반면에 하나의 역사적 사건 B가 나타나기 위해서는 자연적 사회적인 무수한 원인이 여기에 작용하는 것이므로, 이러한 원인 전부를 들추어 낸다는 것도 또한 불가능한 일이라 하지 않을 수 없다.

실제에 있어서 사회과학자들은 이러한 무모한 짓을 하려고는 하지 않는다. 사회과학에 있어서는 그 무수한 원인 A A′ A″…… 중에서 몇 개만을 골라서 그것에다가 인과귀속을 시키려고 시도하는 것인데, 그러면 그처럼 무수한 원인 중에서 몇 개만을 골라내는 것은 과연 원리적으로 어떻게 가능하며 그리고 이것은 어떻게 행해질 수 있는 것인가. 베버가 문제를 제기한 것은 바로 이러한 뜻에서였던 것이다.

그리고 이러한 문제는 우리가 자연적인 힘과는 별도로 사회적인 힘을 가정하는 경우에는, 즉 두 개의 현실적인 힘의 존재를 인정하는 경우에는, 절대로 대답할 수가 없는 것이었다.

인식관심

이리하여 자연적인 힘과 사회적인 힘을 인정함으로써 자연법칙과 사회법칙이 각별로 성립되는 것을 증명하려던 종래의 방법론은 폐기되고 여기에 제2의 방법론이 생겨났는데, 이것은 즉 '認識關心(Erkenntnisinteresse—WL. 161f.)'의 차이를 따라 두 개의 법칙을 인정하자는 것이다.

사회과학자들이 가지고 있는 認識關心은 '인간에 대하여 有意義한 연관을 구명하는 것'이다. 따라서 인과성에 대하여 그들이 가지고 있는 관심도 당연히 '인간의 행위'가 가지는 因果的 意義에만 국한된다. 경우에 따라 그들도 자연현상 내지 자연법칙을 고려에 넣는 일이 있기는 하지만, 그러나 그것은 어디까지나 그것들이 인간생활에 대하여 가지는 의의가 문제되는 경우에만 한한다. 그러므로 자연적인 의미에서는 B라는 결과에 대하여 A A′ A″……등이 모두 원인이 된다고 할 수 있겠지만 '인간에 대하여 有意義한 것만을 추려내는 경우에는 우리는 그 중의 몇몇에 대하여서만 인과귀속을 시킬 수 있게 된다.

그런데 여기에 주의해야 할 것은 이와 같이 '인간에 대하여 有意義한 것을 추려낸다고 해서 그것이 결코 주관적으로 아무렇게나 마구 행하여진다고 보아서는 안 된다는 것이다.

사회과학이 하나의 과학으로서 성립되기 위해서는 여기에 객관적인 규준이 있지 않으면 안 된다. 그리고 이에 관한 베버의 해답은, 그의 '客觀的 可能性判斷과 '適合的 因果聯關의 이론에 나타나 있다. 이제 그의 설명을 들어 보기로 하자.

객관적 가능성 판단과 적합적 인과연관

'인과귀속은 일련의 抽象을 내포하고 있는 思考過程의

형태로서 행하여진다. 그런데 최초의, 그리고 결정적인 추상은 바로 다음과 같은 것이다. 즉 사건의 원인이 되어 있는 여러 개의 사실적 요소 중에서 그 하나 또는 몇 개가 일정한 방향으로 변경되었다고 생각해 보고, 그리고 이와 같이 경과의 조건이 변경되었을 경우에도 (본질적인 점에서) 마찬가지의 결과를 기대할 수 있을 것인가, 그렇지 않으면 다른 그 무슨 결과가 생겨나리라고 기대할 수가 있을 것인가, 라고 묻는 것이다(WL. 273. Shils and Finch 171).'

이것은 일정한 사실 A가 결과 B에 대하여 어떠한 의의를 가지는가를 일종의 思惟實驗을 함으로써 알아보려고 하는 것인데, 결과 B를 제약하는 것으로는 A 외에도 A′ A ″……등 무수한 것이지만, 가령 이때 A를 제거하든가 또는 그것을 일정한 방향으로 변경시키는 경우에 과연 그후의 경과가 '일반적 경험법칙에 비추어(nach allgemeinen Erfahrungsregeln - WL. 283)' 보건대 '우리의 관심에 대하여 결정적인 점에서(in die fürunser Interesse entscheidenden Punkten)' 달라졌으리라고 판단된다면 이때 우리는 B를 A에 인과귀속을 시킬 수 있게 된다.

그리고 이렇게 함으로써만 사회과학은 그 객관성을 유지할 수 있게 되는데, 베버는 이때의 이러한 판단을 '客觀的 可能性判斷(das objektive Möglichkeitsurteil)'이라고 불렀다.[1] 이 판단은 '일정한 결과에 대하여 일정한 원

인이 얼마만큼 적합한가라는 정도'를 우리에게 말해 주는
것인데, 베버는 이러한 정도를 '適合度(Grad der Adä-
quanz)'라고 불렀다. 즉 조건 A와 결과 B 사이에 고도의
적합도가 인정되면 이 관계를 '適合的因果聯關(adäquate
Verursachung)'이라고 부르고 그렇지 못하면 '偶然的 因
果聯關(zufällige Verursachung)'이라고 부르는 것이다.

㊟

1. 客觀的 可能性判斷은 일정한 상황의 밑에서 일정한 事象이 성립될
   수 있는 가능성이 얼마만큼인가를 말해 주고 있다. 그리고 이 가
   능성은 이것을 一義的으로 단정할 수는 없는 것이므로 이 점에 있
   어서 그것은 확률과 비슷하다. 그리고 自然法則도 오늘날의 해석
   에 의하면 필연성 判斷이 아니라 확률성 判斷의 형식을 취하고 있
   으며, 베버도 이 점을 알고 있었다(WL. 66. 134f). 그러나 자연
   현상은 數値로써 표현할 수 있지만 인간의 行爲에 있어서는 數値
   的 表現이 불가능하기 때문에 자연법칙에 있어서와 마찬가지로 이
   것을 확률이라고 부르기에는 약간 어색한 점도 없지 않으므로, 베
   버는 대신 찬스(Chance)라는 말을 자주 사용하였다(WL. 441.
   Kröner 112).

인과귀속과 이념형

그러면 이러한 인과귀속의 이론은 베버의 理念型의 이
론과 어떻게 내면적으로 관련을 맺게 되는가. 이 점을 다
음에 생각해 보기로 하자.

擬人觀으로부터 因果性을 해방시켰다는 것은 필연성으
로부터 그것을 해방시켰다는 것을 의미한다. 이리하여 베
버는 역사를 인식함에 있어서 그 무슨 '필연적인 힘'이 그

속에 있음을 확인하려고 하였던 것은 아니고 다만 '실제로 일어난 것은 반드시 그렇게밖에는 일어나지 않을 수 없었기 때문에 그렇게 일어났던 것이 아니라 달리도 일어날 수 있었지만 그렇게 일어났던 것이다'라는 식으로 이해하려고 하였던 것이다. 즉 그가 생각한 사회법칙은 一義的 決定性 이라는 의미에서의 필연성의 법칙이었던 것이 아니라 적합도의 정도를 말해 주는 법칙에 지나지 않았다. 그리고 다르게도 일어날 수 있는 가능성이 적을 때는 인과관계는 적합적인 것이 되고 반대로 그러한 가능성이 많을 때는 우연적인 것이 된다고 하였다.

가령 여기에 수요와 공급에 관한 경제학상의 유명한 법칙을 예로 들어서 생각하기로 한다면, 개개의 사람은 반드시 경제적 배려의 밑에서만 살고 있는 것은 아니므로, 값이 싼 물건을 사지 않고 도리어 비싼 물건을 사는 일이 얼마든지 있을 수 있지만, 같은 품질의 물건인 경우에는 역시 값이 싼 물건을 사게 될 가능성이 많다. 특히 homo economicus를 가정하는 경우에는 더욱더 그렇다고 말할 수 있다.

이와 같이 경제법칙은 다수 인간이 경제적으로 행동하든가 또는 그렇게 하지 않을 수 없는 경우에 '蓋然的'으로 타당하다는 法則性을 가지고 있다. 물론 반드시 싼 물건만을 사는 것이 아니라 비싼 물건을 살 가능성도 있으므로 이 경제법칙은 절대로 필연성의 법칙이 될 수는 없다.

그러나 비록 값싼 물건을 사지 않는 사람이 있을지라도 일정한 상황 밑에서는 값싼 물건을 사게 될 蓋然性이 많을 때에는 — 즉 適合的일 때에는 — 우리는 그것을 하나의 사회법칙으로서 성립시킬 수 있게 되는 것이다.

그러므로 하나의 사회법칙을 성립시킨다는 것은, 그러한 사건의 발생에 참여한 모든 원인을 찾아낸다는 것을 의미하는 것은 아니고, 일정한 認識關心의 밑에서 특징적이라 생각되는 몇몇 원인에다만 인과귀속을 시킴으로써 여기에 하나의 法則性을 인정해 보려고 하는 것이다.

따라서 여기에는 그 법칙대로 되지 않는 '다른 경우'도 가능하다는 것을 고려에 넣지 않을 수 없게 된다. 그대로 되는 경우도 있고 또한 그대로 되지 않는 경우도 있지만, 그러나 '일정한 狀況의 밑에서는 그대로 되는 것이 적합적이므로 이것을 가지고 하나의 사회법칙으로 인정한다는 것이다.

이리하여 여기에는 그대로 되는 경우와 되지 않는 경우를 '比較'하는 문제가 반드시 생겨나게 된다. 동시에 이러한 비교를 함에 있어서는 반드시 비교의 '觀點'이 확립되어 있지 않으면 안 된다. 일정한 관점의 밑에서 비교해 볼 때, 일정한 상황의 밑에서는 그렇게 되는 것이 적합적인 경우에는 우리는 그것을 하나의 법칙으로까지 끌어올릴 수 있다. 그러므로 연구자는 항상 자기가 취급하고 있는 이 비교의 관점을 똑바로 자각하고 있지 않으면 안 된다. 그리

고 이러한 비교의 관점은 그렇게 되지 않는 경우가 다양할
수록 그만큼 더 규모가 커지고 또한 조직적인 것이 될 것
이다.

비교

베버가 그의 ≪경제와 사회≫에서 시도한 '가능적 사회
행위의 카주이스틱'의 작성은 결국 이러한 비교의 관점을
조직적으로 정비해 보려는 것이었다고 말할 수 있다. 물론
그는 이러한 카주이스틱(즉 財産目錄)이 완결된 체계를 가
질 수 있다고는 생각하지 않았다. 인간행위의 振幅은 무한
대이므로 가능한 인간행위의 전부를 망라한다는 것은 절대
로 불가능하기 때문이다. 그러므로 베버가 작성한 카주이
스틱은 가능한 사회적 행위의 총결산도 아니고, 또한 역사
상 있었던 모든 사회적 행위의 총집계도 아니었다.

그것은 근대자본주의를 '세계사적인 연관의 밑에서' 파악
해 보려는 특정한 認識關心에서 보아 필요하다고 생각되는
한도 내에서의 가능적 사회행위의 정리에 지나지 않았던
것이다. 그리고 이렇게 정리된 각종 가능적 사회행위는 현
실에서 볼 수 있는 인간행위를 그대로 기술한 것이 아니라
우리에게 비교의 관점을 제공하기 위하여 어떤 이상적 방
향으로 그것을 高昇시킴으로써 만들어진 사회적 행위의
'類型'이며, 그것은 다름 아닌 '이념형'이었던 것이다. 그러
므로 '조직적으로 정비된 거대한 이념형의 체계를 가지고

역사적 현실을 비교할 때, 그중의 어떤 것이 특정한 이념
형에 적합할 때에는 이것에다가 인과귀속을 시킴으로써 여
기에 하나의 사회법칙을 인정한다'는 것이 베버가 그의 사
회학에서 의도한 것이었다고 말할 수 있다.

제3절 이해사회학

개별과 종합

역사적 인식에 있어서 '比較'라는 것이 얼마나 중요한가를 알아보았다. 그런데 여기에 생겨나는 곤란한 문제는 정치·경제·법률·종교·과학 등의 수많은 영역을 어떻게 서로 관련시키고 어떻게 그것들을 전체적인 구조 밑에서 비교할 수 있겠는가라는 것이다.

역사적·사회적인 현실은 하나의 현실이기 때문에 이것을 하나의 과학을 가지고 이해할 수 있다면 별문제는 없을 것이지만, 그러나 불행하게도 인간의 지성은 이것을 하나의 관점과 방법만을 가지고 이해할 수는 없도록 되어 있다. 이리하여 자연과학이 생겨났고 또한 사회과학이 생겨났으며, 그것도 오늘날에 이르러서는 각각 세분되어 오로지 자기의 전문분야밖에는 알지도 못하고 또한 관심도 가지지 않는 개별적 과학자에 의하여 전담되다시피 되어 있다. 그러므로 정치·경제·법률 등에 관한 전문적 연구는 상당한 성과를 거두게 되었지만 그것들을 서로 관련시키면서 전체적 구조 밑에서 종합적으로 이해하고 이렇게 함으로써 역사적 현실을 생생하게 이해하는 일은 그들 개별적 과학자들로부터는 기대할 수가 없는 것이었다.

이때에 있어서 개별적인 전문과학과는 별도로 역사적 현실에 대한 종합적인 이해를 성취해 보려고 발벗고 나선 것이 바로 근대의 사회학이었는데, 그러면 사회학은 이러한 과업을 완수하기 위하여 정치·경제 등의 각 영역을 어떻게 비교하려고 하였던 것인가.

유물사관

이러한 과제에 대하여 처음으로 제시된 해답은 '唯物史觀' 또는 史的 唯物論이었다.

유물사관이 말하는 바에 의하면 사회적 현실의 가장 밑바닥에는 자신의 고유한 법칙을 따라 움직이고 발전하는 '下部構造(Unterbau)'로서의 경제가 있고, 그 바로 위에는 소유권의 확인 등을 의미하는 法과, 소유권을 권력으로써 보장하는 기관으로서의 국가와, 여러 계급 사이에서 투쟁이 벌어지는 정치 등, 경제에 직접 관련되어 있는 '상부구조가 있다.

이러한 상부구조는 그것이 한번 성립되면 그것으로서 독립화되어 일견 경제와는 아무런 관계도 없는 것처럼 보이기도 하지만, 그러나 자세히 들여다보면 결국은 경제적인 것에 의하여 제약되어 있음을 알 수 있다.

사람은 살기 위하여 의식주나 기타의 물질적 욕구를 충족시켜야 하고, 이러한 욕구의 충족을 위해서는 경제적 생산을 하지 않으면 안 된다. 사람이 어떻게 사는가를 알기 위해서는 그가 어떻게 생산하는가를 알면 된다. 그런데 사람이 어떻게 생산하는가는 전적으로 그 시대의 기술적·경제적 생산력의 수준에 의존하고 있고, 이러한 기술적 생산력(technische Produktionskraft)은 그 자체의 고유한 법칙을 따라 발전한다.

그러므로 기술적 생산력은 그 시대의 경제관계를 결정하고 이것은 하부구조가 되어, 위에 축조될 정신적·문화적인 모든 상부구조를 제약한다. 이것이 유물사관에서 각 영역의 사회구조를 관련시키는 기본구조이다.

물론 때로는 상부구조로부터 하부구조에 가해지는 반작용이 있음을 인정하지 않는 바는 아니지만, '궁극에 가서는' 하부구조가 상부구조를 규정한다고 생각되는 것이다. 그러므로 유물사관이 사회와 문화의 각 영역을 비교하는 기본태도는, 궁극에 가서는 경제적인 것을 가장 근본적인 비교의 관점으로 삼고, 이것을 중심으로 하여 기타의 모든 현상을 비교하고 측정하는 것이었음을 알 수 있다.

베버의 태도

이러한 유물사관의 태도를 베버도 어느 정도는 계승하고 있다. 첫째로 마르크스의 《資本論》이 유물사관 문헌 중에서 차지하고 있는 위치를 보아도 알 수 있는 바와 같이, 유물사관이 당면한 목표로 삼는 것은 근대자본주의 경제를 철저하게 분석하는 것이었는데, 베버도 마찬가지로 자본주의 경제의 본질을 해명함으로써 근대사회의 모든 문제를 해결해 보려고 하였다. 둘째로는 베버도 유물사관과 마찬가지로 경제를 하나의 고립적 현상으로 보지 않고, 그것이 다른 생활영역과 깊이 관련되어 있음을 인정하였다. 이와 같이 베버는 많은 점에서 유물사관이 제기한 문제를 그대로 계승하였지만, 이러한 생활영역을 비교하는 기본적 태도에 이르러서는 유물사관과 손을 끊었다.

하나의 역사적 사건을 분석함에 있어서 베버가 취한 근본적인 태도는 이러한 사건을 일으키는 데 있어서 가장 主動이 된 要因이 무엇인가를 묻지는 않았다는 것이다. 특히 그는 유물사관과는 반대로 경제가 그러한 주동적 요인이 된다고는 생각하지 않았다.

그리고 이것은 '擬人觀으로부터의 사회과학의 해방'이라는 점을 생각하면 곧 이해될 수 있다. 이리하여 그는 하나의 구체적 사건을 분석함에 있어서 우선 잠정적으로 이것을 정치·경제·법률·종교 등의 여러 측면으로 갈라서 각별한 각도에서 고찰하였지만, 그것들 중 어느 하나에 주도성을 인정하려고는 하지 않았다. 그에 있어서 이러한 측면들은 비록 상대적으로나마 독립성을 가지고 있는 것으로 취급되었으며, 그 중 어느 하나가 다른 것들을 일방적, 一義的으로 규정지을 수 있는 것이라고는 생각되지 않았다. 그러나 이와 같이 정치·경제·법률·종교 등을 갈라 놓고 그것들에게서 개별적인 법칙성을 각별로 인정하였다고 해

서 이것만으로 역사적 인식이 그 목적을 달성하는 것은 아
니다.

여기에는 영역별로 연구된 성과의 집합은 있을 것이지
만, 내적인 통일성은 이것만으로는 얻어지는 것이 아니다.
유물사관에 있어서는 여러 영역 중에서, 특히 경제적 측면
에 우월권을 인정하였기 때문에, 잘하나 못하나 하여튼 경
제를 중심으로 이론의 통일을 기할 수 있었다. 그런데 베
버는 어떠한 영역에도 他에 대한 우월권을 인정하지 않았
기 때문에 여기에서 이론의 통일을 기해 보려고 한다면 그
것은 당연히 그러한 영역들과는 次元을 달리하는 다른 그
무엇을 중심으로 하지 않으면 안 되는 것이다. 여기에 바
로 베버의 사회학의 특색이 깃들여 있다.

그의 사회학은 어느 누구의 사회학보다도 종합적이고
전체적인 성격을 가지고 있지만, 반면에 거기에는 고유한
소재라고는 하나도 없다. 베버는 그의 사회학의 소재를 다
른 여러 과학에서 받아들이고, 이것들을 독자적인 방법으
로 종합하는 것만이 그의 사회학의 임무가 되는 것이라고
생각하였다.

그런데 여기에 주의해야 할 것은 그의 사회학이 종합
적·전체적 성격을 가지고 있다고 해서 그것이 — 콩트
(Comte)의 사회학에 있어서와 같이 — 다른 여러 과학의
성과를 전부 모아 놓았다는 의미에서 전체적이라는 뜻이
아니라는 것이다. 동일한 차원에서 많은 소재를 집합하는

것이 아니라 다른 차원에서 그 소재들을 종합적으로 파악
함으로써 그것들 사이에 內的 統一을 가져오려는 것이 바
로 베버의 사회학이 의도하는 바였다. 그러면 그는 그의
사회학의 종합성을 어떠한 방법으로 가져오려고 하였던가.

주체성

이에 관하여 베버는 인간의 주체성이라는 것을 중요시
한다. 즉 정치·경제·법률·종교 등의 영역이 가지고 있
는 '객관적'인 구조를 분석함으로써 그것들을 종합하려는
것은 아니고, 그것들이 모두 특정한 성격을 가지고 있는
인간 행위로써 되어 있다는 데에 주목하여 그러한 사회적
행위의 행위자가 가지고 있는 주체적인 동기를 追體驗함으
로써 — 즉 베버의 용어에 의하면 '主觀的으로 思念된 意味
(subjektiv gemeinter Sinn)'를 '이해(verstehen)'함으
로써 — 이론의 종합성을 가져오려고 하였던 것이다. 그리
고 바로 이와 같이 인간의 주체성을 중요시하였다는 점에
서, 야스퍼스는 베버를 실존철학의 선구자 중 한 사람이라
고까지 불렀던 것이다.

두 개의 의미

베버은 그의 논문 ≪理解社會學의 약간의 範疇에 관하
여(Über einige Kategorien der verstehende Sozio-
logie, 1913≫ (WL. 427~474, Kröner 97~150)에서

'理解'의 논리적 성격에 관한 그의 견해를 본격적으로 발표하였다. 여기에서 우선 그는 '주관적으로 思念된 의미와 객관적으로 타당한 의미(objektiv gültiger Sinn)를 엄격히 구별(WL. 427 Anm.)'하고 사회과학에서 말하는 이해의 특질은 — 객관적으로 타당하는 의미가 아니라 — 주관적으로 思念된 의미를 파악하는 데 있음을 밝혔다.

심리주의와 논리주의

그러면 주관적으로 사념된 의미를 파악한다는 것은 어떻게 하는 것을 말하는가. 이 점을 밝히기 위해서는 잠깐 베버 당시의 학계의 상황을 생각해 볼 필요가 있다. 즉 그 당시의 독일의 철학계에는 딜타이(W. Dilthey), 램프레히트(K. Lamprecht) 등의 '心理主義(Psychologismus)'와 문스터베르크(H. Munsterberg), 나토르프(P. Natorp), 후설(E. Husserl) 등의 '論理主義(Logismus)'의 대립이 있었다고 볼 수 있다.

그리고 심리주의가 주장하는 바에 의하면, 모든 인식은 의식 속에서 행해지는 것이므로 마음의 활동이야말로 인식의 근저가 되는 것이며, 따라서 인식의 논리는 심리학에 의함으로써만 비로소 명백히 될 수가 있다. 다시 말하면, 심리학이야말로 모든 과학의 기초가 되는 과학이라고 하는 것이다. 이에 대하여 논리주의는 반대로 논리학이야말로 모든 과학의 기초가 된다고 주장하였으며, 당시의 독일학계는 대체로 논리주의에 쏠리고 있었다.

그러나 이와 같이 심리주의가 敗退해 갔다고 해서 그것이 곧 심리학 그 자체를 부정하는 것을 의미하지는 않았다. 논리주의자들은 심리학이 모든 과학의 기초가 된다는 주장에는 반대하였지만, 그러나 心理體驗의 具體相을 밝히는 학문까지를 불필요하다고는 말하지 않았다. 도리어 그들은 그릇된 주장에 사로잡혀 있던 종래의 심리학 대신에 새로운 기반에 입각한 새로운 심리학의 필요성을 강조하기까지 하였다. 동시에 그러는 동안에 심리학 자체도 철저한 자기 반성을 하게 되었다.

이리하여 '논리적인 것의 자율성을 인정하면서도 심리체험을 그 생생한 구체성에서 파악하는 方法'이 요구되었는데, 그 결과 그들은 구체적인 심리체험은 다른 과학에 있어서와 같이 의식내용을 객관화함으로써 파악되는 것은 아니고, 도리어 반대로 다른 과학에 의하여 객관적으로 파악된 결과에서부터 소급해 올라가 그러한 의식이 객관화되는 과정을 逆把握함으로써 얻어내는 主觀化(Subjektiverung-Natorp), 再構成(Rekonstruktion), 또는 (現象學的) 還元(Reduktion-Husserl) 등의 방법에 의하지 않으면 안 된다고 주장하기에 이르렀다. 여기에 종래의 심리학과는 완전히 그 면모를 달리하는 새로운 심리학이 등장하게 되었는데, 베버가 말하는 '理解'는 바로 이러한 새로운 방법에 그대로 연결되는 것이었다.

당시의 학계의 상황을 말하면서 자신의 입장을 밝힌 베버의 논문으로는 ≪로셔와 크니스(Roscher und Knies)≫ (1903~1906. WL. 1~145)가 대표적이다.

행위의 정의

≪경제와 사회≫의 첫머리에서(W.u.G. 1, WL. 528) 베버는 사회학과 그 대상을 다음과 같이 정의하였다.

"사회학은 사회적 행위를 해석하면서 이해하고 이렇게 함으로써 그 경과와 결과를 因果的으로 설명하려는 과학을 말한다. 인간의 거동에 대하여 ─ 그것이 밖으로 나타나든 안 나타나든, 또는 부작위이든 무저항의 忍受이든 ─ 행위자가 주관적인 의미(subjektiver Sinn)를 붙이는 때가 있는데 이때 그 정도 내에서 인간의 거동을 '행위(Handeln)'라고 부른다. 그러나 '사회적' 행위는, 행위자에 의하여 思念된 의미(gemeinter Sinn)에서 보아 타인의 거동에 관계를 맺고 그 경과에 있어서 그 타인의 거동에 志向되어 있는 행위를 말한다."

주관적으로 思念된 의미

여기에서 베버는 사회학의 대상이 '사회적 행위'임을 밝히고, 사회적 행위는 행위자에 의하여 '주관적으로 思念된 意味(subjektiv gemeinter Sinn)'를 따라 이해될 수 있다고 말하였다. 즉 사회학은 행위의 주체가 가지고 있는 동기를 이해하는 것을 목표로 삼고 있다는 것이다. 그런데 이에 관하여 먼저 말해 두어야 할 것은 베버의 행위개념이다. 인간이 하는 거동 내지 동작은 그 전부가 행위가 되는 것은 아니다. 물론 사회학이 이해의 대상으로 삼을 수 있는 것은 인간의 거동뿐이지 자연현상은 아니며, 그리고 경우에 따라 사회학이 자연현상을 — 대홍수나 지진과 같은 것을 — 문제삼을 때가 있다고 할지라도 그것은 인간의 거동과 관계를 맺는 경우에만 한하는 것이다. 그러나 그렇다고 해서 인간의 거동의 전부가 사회학적 이해의 대상이 될 수 있는 것은 아니다. 다른 사람과 말을 하면서 자기도 모르게 머리를 긁는다든가 또는 자면서 코를 고는 것 등도 인간의 거동이 되지만, '사회학의 견지에서 보아' 이런 것을 행위라고 부를 수는 없다.

사회학에서는 '의식적인 擧動'만을 행위라고 부르며, 이와 같이 의식을 동반한 거동에 대해서만 사회학은 그 특유한 이해의 '오퍼레이션'을 전개할 수가 있다. 이리하여 '인간의 거동에 대하여 행위자가 주관적인 의미를 붙이는 때에, 그 한도 내에서 인간의 거동을 행위라고 부른다.'라는 베버의 행위개념이 나오게 되었던 것이다.

그러므로 이러한 행위를 대상으로 하고 그것을 이해한다는 것은 결코 외부적 세계로 객관화된 행위의 擧動的 面을 '觀察'한다는 것을 말하는 것은 아니다. 그러한 행위를 통하여 표시된 행위자의 意思內容을 이해한다는 것을 의미할 뿐이다. 다시 말하면, 행위자에 의하여 주관적으로 思念된 의미만이 이해될 수가 있다.

이해의 뜻

일반적으로 '意味'라고 할 때에는 — 베버에 의하면 — '객관적으로 타당한 의미'와 '주관적으로 思念된 의미'를 구별할 필요가 있다. 의미를 객관적으로 타당한 것으로 고찰하는 경우에는 그 내용은 행위의 주체와는 무관계한 것이 되고, 다만 그것 자체의 타당성과 진리성만이 문제가 될 뿐이다.

그런데 그 의미를 주관적으로 사념된 것으로 고찰하는 경우에는, 그 내용은 행위주체의 체험내용으로서 취급을 받게 된다. 가령 2+3=4라는 數式이 나왔다고 하는 경우에 數學者가 이것을 보면 객관적으로 타당하지 않다고 하여 미스테이크로서 인정할 뿐이요, 누가 그러한 數式을 썼는가에는 관심을 두지 않는다. 그러나 사회학자가 이러한 수식을 볼 때는 특정한 어떤 사람이 그러한 미스테이크를 범했다는 그 사실에 착안하여 그가 그러한 미스테이크를 범하게 된 사정을 '이해'하려고 한다. 2+3=4라는 의미는 객관적으로는 타당하지 않지만, 그러나 '주관적으로 思念된 의미'로서는 존재한다. 그런데 여기에서 주의해야 할 것은 이러한 두 개의 의미를 서로 무관계한 것으로 보아서는 안 된다는 점이다.

즉 객관적으로 타당한 의미를 모르고는 주관적으로 사념된 의미를 이해할 수가 없다. 2+3=4라는 '잘못된' 계산과정을 이해하기 위하여는 먼저 '바른' 계산이 어떤 것인가를 알고 있지 않으면 안 된다. 즉 의미의 객관적 구조에 관한 지식을 가지고 있어야만 그것을 파악하는 주체의 내면과정을 이해할 수가 있다. 그리고 의미의 이러한 객관적 구조는 사회학이 스스로 그것을 찾아내는 것이 아니고, 정치학・경제학・법학・논리학・수학 등의 여러 과학이 제공해 주는 것을 그대로 받아들일 뿐이며, 사회학은 다만 그러한 것들을 독자적인 방법으로 결속시켜서 종합할 뿐이다. 그리고 사회학이 이러한 종합을 할 때 사용하는 방법은 다름아닌 '주관적으로 思念된 의미'를 '이해'한다는 방법이었다.

사회학의 기본단위는 개인

그러면 주관적으로 사념된 의미를 이해하는 것이 어째서 종합적인 사회학을 건설할 수 있게 하는 것인가 하면, 비록 정치・경제 등의 여러 영역이 존재하고 그리고 그것들은 각기 독자적인 意味聯關을 통하여 고유한 구조에서 인식되고 있기는 해도 그러한 영역에 관하여 행위의 주체는 항상 '個人'이기 때문이다.

정치적・경제적인 각종 행위가 존재하고, 그리고 그것들에게는 각별한 意識內容이 있는 것이지만, 그러한 의식의 통일이 이루어지는 것은 항상 개인에 있어서 뿐이며, 따라서 理解社會學의 '기본단위'는 개인이 되는 것이다.

이념적 주체

그러나 그렇다고 해서 李某, 金某 등 특정한 개인의 생활을 그대로 기술하는 것이 사회학이라고 생각해서는 안 된다. 가령 사회학이 '現代人'의 특색 같은 것에 관하여 무엇인가를 말하였다고 하면 그것은 결코 현대에 살고 있는 誰某가 언제 어디서 무엇을 체험하였는가를 실험심리학적으로 '관찰'하여 기술한 것이 될 수는 없는 것이다. 같은 현대인이라고 하지만 거기에는 무수한 뉘앙스를 가지고 있는 각양각색의 개성이 있을 것이므로 이러한 것을 대상으로 사회학상의 법칙을 찾아낸다는 것은 절대로 불가능한 일이다.

그러므로 사회학의 기본단위가 개인이라고 하지만 여기에서 개인은 현실적인 某主體를 말하는 것이 아니라, 일정한 관점에서 구상된 '類型的'인 主體, 즉 '理想的(ideal)'인 행위주체가 되지 않을 수 없다. 가령 내가 나의 思想過程을 돌이켜 생각해 본다고 하는 경우에 우리는 결코 매일 아침 자리에서 일어나서 밤에 자기까지에 체험한 심리상태 그대로의 '再現'을 해보려고는 하지 않으며, 사상의 발전에 있어서 중요하다고 생각되는 일정한 모멘트를 따라 하나의 '이해할 수 있는 心理體驗'의 발전과정을 재구성해 보려고 할 뿐이다.

이러한 발전은 현실적인 각종 요소에 의하여 여러 갈래로 '중단'되어 있는 것이지만, 그럼에도 불구하고 우리는 그러한 '사상의 주체'로서의 이념적인 자기를 중심으로 연속되고 통일된 하나의 심리체험을 이해할 수 있는 것이다. 가령 내가 대학에서 강의를 하는 것을 예로 든다면, 강의를 하다가 시간이 다 되면 일단 중단했다가 다음 시간에 다시 그 '계속'을 강의하고 이러한 식으로 한 학기의 강의를 끝낸다. 이때 전회의 끝나는 시간과 다음 강의를 시작하는 시간 사이에는 상당한 시간적 간격이 있고, 그 동안에 나는 무수한 다른 체험을 하지만, 그럼에도 내가 지난 학기에 무슨 내용의 강의를 하였는가를 돌이켜 볼 때는, 그러한 중단이 없었던 것처럼 가정하고서 하나의 연속적인 발전과정을 생각하게 되는 것이다.

그리고 이때 그러한 발전의 주체가 되어 있는 '나'는 결코 현실에 '있는' 나가 아니라, '理念的'으로 구상된 나였음은 두말할 필요도 없다. 이때의 '나'는 '현실적'인 주체는 아니다. 그러나 이와 같이 현실성이 없다고 해서 그것이 '實在性(Realität)'까지 상실하는 것은 아니다.

이념적으로 구상된 이 주체는 비록 '관념적(ideal)'이기는 하지만 그것은 훌륭히 현실로 있는 주체를 지시하고 설명할 수가 있는 것이다. 그리고 여기에 '理念型의 理論'이 크게 작용할 수 있음은 곧 짐작할 수 있을 것이다.

이상으로써 '理念型 — 因果歸屬 — 理解'로 일관되어 있
는 베버의 사회과학 방법론의 중요한 요점은 대체로 설명
이 된 셈이다. 그러나 추상적인 학문론만으로는 역시 실감
이 나지 않을 것이므로, 다음에 章을 바꾸어, 베버 자신이
처음으로 그의 사회과학방법론을 현실분석에 응용한 ≪프
로테스탄트의 윤리와 자본주의의 정신≫의 내용을 검토해
봄으로써 우리의 이해를 확실하게 할 것이다.

제3장 근대자본주의

제1절 합리주의

근대자본주의와 합리주의

베버의 사회학의 중심이 되어 있는 것은 '近代資本主義란 무엇인가'라는 문제였다. 그리고 그는 후술하는 바와 같이 이 문제를 근대 유럽에서의 '合理主義'의 성격을 명백히 함으로써 해명해 보려고 하였다. 그러므로 근대자본주의란 무엇인가라는 문제는 결국, 그에게 있어서는 근대 유럽에 있어서의 합리주의란 무엇인가라는 문제가 되는 것이다.

그러면 근대 유럽에 있어서의 합리주의란 무엇인가.

4종의 사회적 행위

베버는 그의 ≪경제와 사회≫에서 사회적 행위에 관하여, 그것이 어떠한 근거에 의하여 규정되는가에 따라 다음과 같은 네 개의 이념형을 구별하였다.

"모든 행위에 있어서와 마찬가지로, 사회적 행위도 또한 ① 外界의 대상 및 타인이 어떠한 태도로 나올 것인가를 예상하고 이러한 예상을 결과로서 희구하고 고려한 자기의 목적에 대한 '조건' 또는 '수단'으로서 합리적으로 이용한다는 점에서 目的合理的(zweckrational)이기도 하고, ② 어느 일정한 사태 그 자체가 절대적으로 고유한 가치를 —

그것이 윤리적이든 예술적이든 종교적이든 또는 그밖의 무엇이든 상관함이 없이 — 가지고 있다고 의식적으로 믿음으로써, 결과와는 관계없이 價値合理的(wertrational)이기도 하고 ③ 실제로 생겨난 정서와 감정상태로 말미암아 정서적(affektuell), 특히 감정적(emotional)이기도 하고 ④ 익혀 온 관례를 따라 전통적(traditional)이기도 하다(W.u.g. 12; WL. 551).'

목적합리성과 가치합리성

여기에 '目的合理的 行爲'라는 것은 外界의 대상이나 타인이 어떠한 움직임을 보여 줄 것인가를 예상하고, 이것을 자기의 목적을 실현시키기 위한 조건이나 수단으로 이용하는 행위를 말한다. 따라서 여기에서는 일정한 목적을 달성하기 위하여 그러한 수단이 유효한가 아닌가만이 문제가 될 뿐이고, 그러한 목적이 궁극적인 가치의 이념에 비추어 좋은가 나쁜가는 문제가 되지 않는다.

그런데 '價値合理的 행위'는 이와 반대로 어떤 그 무엇이 무조건적으로 고유한 가치(Eigenwert)를 가지고 있다고 믿고 이러한 그 무엇을 실현시키기 위하여 결과가 어떻든 그대로 돌진하는 것을 말한다. 따라서 여기에서는 — 목적합리적 행위가 행위의 가치는 도외시하고 결과만을 고려하는 것과는 반대로 — 행위 그 자체의 절대적 가치만이 문제시될 뿐이요, 그 결과 여하는 전혀 고려되지 않는 것이다.

이처럼 같은 합리성에도 두 가지가 있음을 베버는 밝혔
는데, 그는 이것을 '目的合理性(Zweckrationalität)'과
'價値合理性(Wertrationalität)'이라는 말로 불렀다.

이러한 두 가지 합리성을 베버는 다음과 같이 對比하였
다. '目的合理性의 입장에서 보면 價値合理性은 항상 —
그리고 그것이 행위가 지향하는 가치를 절대적 가치로 높이
면 높일수록 — 非合理的이다. 왜냐하면 價値合理性은 행
위에서 고유한 가치만을 무조건적으로 고려하면 할수록 행
위의 결과는 돌보지 않기 때문이다(W.u.G. 13; WL.
553).' 이와 같이 두 개의 합리성은 서로 상반되는 성격을
가지고 있는데, 이러한 두 面을 근대 유럽의 합리주의가 모
두 가지고 있다고 보는 점에서 베버의 이론의 특색이 나타
나 있다. 情緖的 행위와 傳統的 행위는 근대 유럽 사회의
분석에는 그리 문제가 되지 않고, 다음 장에서 연구할 前近
代社會의 분석에서 크게 의의를 가지게 될 것이므로 이것
들에 대한 자세한 설명은 여기에서는 생략한다.

이러한 두 개의 合理的 행위를 理念型的, 類型的으로 대
립시키고 볼 때 근대 유럽에서의 합리주의는 일견 目的合
理性의 특징만 가지고 있는 것으로 속단하기가 쉬울 것이
다.

그러나 이렇게 보는 것은 결코 베버의 견해는 아니었다.

도리어 그는 價値合理性의 요소를 최대한으로 중요시하였
는데, 즉 目的合理性의 입장에서 보아 도리어 '非合理的'이
라는 낙인이 찍힐 수 있는 價値合理的 행위가 근대 유럽에
있어서의 目的合理的인 연관을 만들어 내고 또한 추진해
나아감에 있어서 커다란 역할을 해왔다고 주장하는 점에
그의 이론의 특징이 있다.

근대 유럽에 있어서의 목적합리성의 측면

근대 유럽에 있어서의 目的合理的 요소라는 것은 ① 자
유노동의 합리적 조직, ② 합리적인 資本計算에 의한 자본
주의 경제 ③ 합리적인 과학기술 ④ 합리적으로 편성되고
제정된 成文法典 ⑤ 권한 분배의 원칙과 관직의 位階構造
를 구성원리로 하는 관료제 등을 말한다. 이렇게 형성된
거대한 메커니즘은 각기 분야에서 막대한 능률을 올려 일
찍이 인류가 성취해 본 일이 없는 위대한 업적을 남겨 놓
았다. 그러나 반면에 이러한 기구를 운영하는 사람은 일정
한 사물에 얽매인 직업인(Berufsmensch)이 되지 않을
수 없게 되었고, 자본주의가 진전됨에 따라 나중에는 '살아
있는 기계(lebende Maschine)' 또는 '精神 없는 專門家,
心情 없는 享樂者(Fachmenschen ohne Geist, Genus-
smenschen ohne Herz)'(R.S.I.204, Kröner 380 韓
譯 161쪽)로서 점점 倭小化하지 않을 수 없게 되었다. 그
리고 이것이 근대 유럽이 가지고 있는 目的合理的인 측면

에서 생겨난 숙명적인 귀결이었던 것이다.

근대 유럽에 있어서의 가치합리성인 측면

이에 대하여 근대 유럽에서의 가치합리적인 측면은 자본주의 성립 초기에 본 바와 같은 '프로테스탄트의 倫理'로 대표된다. 프로테스탄티즘의 교리에 의하면, 神은 천지를 창조하신 옛날부터 어떤 사람은 구원하기로 정하셨고 또 어떤 사람은 멸망의 길로 보내기로 결정하셨다. 그리고 被造物인 인간은 이러한 神意를 직접 알아낼 수는 없다.

인간은 무한한 深淵에 의하여 神으로부터 영영 격리되어 있으므로, 따라서 인간은 神과 合一하여 그 은총에 기뻐 날뛸 수 있는 神의 용기(Gefäss)인 것이 아니라, 다만 자연적인 욕망을 억제하고 現世에서의 생활을 합리적으로 형성함으로써 신의 영광을 땅 위에 실현시킬 사명만을 가지고 있는 신의 道具(Werkzeug)가 되어 있을 뿐이다.

즉 인간은 일정한 직업(Beruf)을 통하여 신의 영광을 땅 위에 실현시킬 召命(Beruf)을 받고 있다. 그리고 이와 같이 직업에 정진하면 자연히 富는 축적되는 것이지만, 인간에 있어서 富의 축적은 그것 자체가 목적은 아니며, 더구나 향락의 수단으로서 그것이 有意義한 것도 아니다. 도리어 부가 증식되면 현세의 향락에 대한 애착이 강해지므로 富 그 자체는 위험시되지 않을 수 없다. 그러면 어째서 인간은 이처럼 위험천만한 부의 축적을 가져올 직업에 정진해야 하는 것인가? 금욕적으로 직업에 정진하여 신의 영광을 더 함으로써만 인간은 과연 자기가 구원받기로 예정되어 있는가를 確證(Bewährung)할 수가 있기 때문이다.

그리고 이것이 바로 프로테스탄트들이 영리적 직업활동에 붙이는 절대적 의미요, 가치였던 것이다. 동시에 이러한 가치합리적 태도가 원동력이 되어 끝없이 이윤을 추구하는 目的合理的 행위가 추진될 수 있었던 것이다.

프로테스탄트의 윤리와 자본주의의 정신

베버는 이와 같이 근대 유럽에 있어서 두 개의 합리성을 서로 대비시킴으로써 근대자본주의의 본질을 해명해 보려고 하였다. 그리고 이때 그는 — 우리가 이미 전장에서 알아본 바와 같은 — 사회과학방법론을 종횡으로 활용하였는데, 그래서 생겨난 그의 최초의 논문이 바로 ≪프로테스탄트의 倫理와 資本主義의 精神≫이었다.

그러므로 우리는 먼저 이 논문에서 그가 말하고 있는 것부터 알아보아야 할 것이다.

제2절 프로테스탄트의 윤리

캘비니즘

우리가 프로테스탄티즘이라고 부르는 것에는 보통 ①
캘비니즘(Galvinismus) ② 敬虔主義(Pietismus) ③ 메
더디스트波(Methodismus) ④ 아나 밥티스트波 運動
(täuferische Bewegung)의 넷이 포함되지만, 그 중에서
도 특히 중요하다고 생각되는 것은 17세기에 서구의 여러
나라에서 크게 전파된 캘비니즘이다. 특히 그 二重豫定說
은 자본주의 정신을 분석하는 베버의 이론을 이해하는 데
에 있어 결정적인 의의를 가지고 있는 것이므로, 여기에서
는 베버의 해설을 따라 캘빈의 종교사상, 특히 그의 이중
예정설만을 알아보기로 한다.

이중예정설

예수교에 있어서의 神은 被造物(creature)과 대립되는
것으로서, 지상에 있는 현세적인 모든 존재는 神이 창조한
것이요, 따라서 神은 '세계의 위에 군림하는 인격적인 創造
神(überweltlicher persönlicher Schöpfergott)'이라고
생각된다.

그런데 이러한 神觀의 귀결을 캘빈은 끝까지 추궁해 나

아간다. 예수교의 神은 이와 같은 것이므로, 따라서 被造
物인 인간과 神의 사이에는 건널 수 없는 深淵이 가로막고
있으며, 어떠한 인간일지라도 심연 저쪽에 있는 神의 모습
과 그 뜻을 알아볼 수는 없다. 그러므로 또한 '독재자인 神
이 그가 만든 被造物에게 현세 또는 내세에서 어떠한 운명
을 주기로 하였는가'를 국한된 人知로써 알아낸다는 것은
절대로 불가능한 일에 속한다. 따라서 인간에게 있어서 神
은 어디까지나 '숨은 神(deus absconditus)'이다.

  본래 이스라엘 사람들이 '여호와'라고 부른 이 신은 정의
의 신인 동시에 자비의 신도 되는 것이었지만, 캘빈의 神
觀에 있어서는 舊約的인 정의의 신이 자비의 신보다도 압
도적으로 중요한 의의를 가지는 것이었다. 특히 원죄의식
이 다시 강화된 이때에 인간이 감히 신의 은총을 바란다는
것은 도리어 신을 모독하는 것이라고 인정되었다.

  "인간은 죄의 상태에 떨어졌으므로, 구원을 가져올 만한
정신적 선을 의욕할 수 있는 능력을 완전히 잃어버렸다.
그리하여 자연상태(status naturae)에 도달할 수는 없으
며, 또한 그것을 준비조차 할 수도 없다." 이것은 ≪웨스트
민스터 신앙고백≫ 제9장에 있는 말이다(RS. I90. 한역
84쪽). 이와 같이 자비의 면은 거의 탈락되고 오로지 정의
의 신으로서만 나타난 것이 캘빈의 神觀이었으므로 '비록
그 때문에 내가 지옥에 떨어지는 한이 있더라도 그따위 하
나님을 나는 단연코 믿을 수가 없다.'라는 유명한 밀턴

(Milton)의 말도 나오게 되었던 것이다.

웨스트민스터 신앙고백

그런데 이러한 神觀은 곧 계속하여 캘비니즘의 저 유명한 二重豫定說(Prädestinationslehre) 또는 選擇說(Gnadenwahl)에 연결된다. 역시 베버가 인용한 ≪웨스트민스터 信仰告白≫을 보면 다음과 같은 구절이 있다 (RS. I. 90. 한역 84~54).

"神은 당신의 영광을 나타내기 위하여 당신의 결단으로써 일부의 사람을 영원한 생명으로 예정하시고, 나머지 사람은 영원한 사망으로 예정하시었다. …… 신은 살려 주기로 예정된 사람들을, 오로지 그들만을, 신이 정하신 적절한 시기에 당신의 말씀과 聖靈을 통하여 유효하게 召命하기를 기뻐하신다. …… 이렇게 하기 위하여 신은 그들의 완고한 마음을 갈아 부드러운 마음을 주시고 또 그들의 뜻을 새롭게 하시며, 당신의 전능하신 능력을 통하여 그들을 善에로 인도하신다. …… 신은 被造物에 대한 당신의 무한한 능력을 찬미하게 하기 위하여, 마음대로 은혜를 주시기도 하고 거절도 하시는 한량없는 당신의 뜻을 따라, 나머지 사람들을 무시하시고 그들이 저지른 죄로 말미암아 치욕과 분노를 주기로 정하시고는, 당신의 거룩하신 義를 찬미하도록 하는 것을 기뻐하신다."

여기에 독특한 神觀이 확립되었는데, 사람이 천당에 가

고 또는 지옥에 떨어지는 것은 그들의 신앙이나 선행 때문이 아니라, 영원한 옛날부터 전능하신 신이 예정해 놓았기 때문이며, 절대로 사람이 自力으로 그것을 변경할 수는 없다는 것이다. 이것이 바로 캘빈의 豫定說이다. 그것이 二重豫定說이라고도 불리는 것은 이와 같이 구원으로 예정하는 것과 멸망으로 예정하는 것이 엄격히 구별되기 때문이다.

신의 영광을 더하기 위하여

그런데 이러한 神觀에는 또다시 '신의 영광을 더하기 위하여(in majorem gloriam Dei)'라는 교리가 첨가된다. 신이 만물을 창조하고 사람들을 구원과 멸망으로 예정하고 이에 따라 그들의 지상에서의 운명을 주재하는 것은 모두 신 자신의 영광을 더하기 위함이라고 생각된다. 그러므로 인간 때문에 신이 있는 것이 아니라, 반대로 신 때문에 인간이 있는 것이다. 마치 독재군주국가에서 왕이 왕답지 못해도 신하는 신다워야 하는 것처럼, 자기에게 멸망을 예정해 준 신일지라도 그러한 신의 영광을 더하기 위하여 '신의 힘의 道具(Werkzeug göttlicher Macht)'로서 신의 말씀인 성서의 律法을 따라 일생을 바치지 않으면 안 된다.

둔현세적 명상과 현세내적 금욕

베버가 분류하는 바에 의하면, 종교적 태도는 다음과 같은 상반된 두 가지가 있다. 그 하나는 인도의 종교에서 가장 전형적으로 볼 수 있는 것인데, 이것은 出家遁世하여 명상에 잠기는 신비주의의 태도이다(遁現世的 瞑想, überweltliche Kontemplation). 즉 여기에서는 사람들은 신비적인 체험을 통하여 신과 合一하여 '신의 힘의 容器(Gefäss göttlicher Macht)'가 됨으로써 구원을 얻으려고 한다. 그리고 중세 가톨릭 교회의 태도도 바로 이러한 것이었다.

이에 대하여 그 둘은 '신의 힘의 道具'로서의 자기의 사명을 의식하고, 神意에 어긋나는 모든 현세적·인간적 욕구를 금해 버리고는 오로지 神意의 실현만을 위하여 전력을 다하려는 태도이다(現世內的 禁慾, innerweltlicher Askese). 그리고 이러한 태도는 바로 프로테스탄트에 의하여 전형적으로 취하여졌던 것이다. 그들에게 있어서 현세라는 것은 感性的인 것을 금하고 神意에 맞는 것만을 앙양하기 위한 戰場과 같은 것이었다. 한정된 현세에 있어서의 사람의 인생은 '신의 영광을 더하기 위하여' — 오로지 이것 하나만을 위하여 — 있을 수 있는 도구에 지나지 않는다.

직업활동

위에서 말한 것이 캘비니즘의, 특히 그 二重豫定說의 골자이지만, 이것은 나중에 프로테스탄트들을 심리적으로 자

극하여 철저한 現世內的 금욕생활을 하도록 그들을 강박하
였던 것이다. 내세에서 과연 나는 영원한 삶을 얻을 것인
가, 또는 영원한 죽음을 얻을 것인가.

물론 나에게는 삶인가 또는 죽음인가의 둘 중 하나만이
예정되어 있을 것이지만, 그러나 나는 어디까지나 삶을 원
한다. 신으로부터 내가 어떻게 예정되어 있는가를 물어 볼
수는 없지만, 그러나 구원받을 것 같다는 것만이라도 確證
(Bewährung)할 수가 있으면 이 이상 반가운 일은 없을
것이다. 도무지 자기의 속을 알려 주지 않는 妖婦에게 매
혹된 남자가 자기의 모든 것을 바쳐 가면서라도 어떻게 해
서든지 그녀가 자기를 남편으로 택하고 있다는 것을 알아
내려고 하는 것과 마찬가지로, 역시 진의를 알려 주지 않
는 냉혹한 '숨은 신'은 사람들에게 이 요부가 주는 것과 비
슷한 심리적 효과를 주는 것이었다. 과연 내가 '택함을 받
은 자(electi)'의 한 사람임을 확인할 만한 표적이 있는가
없는가. 캘빈이 죽은 다음에 그의 교리는 이러한 욕구에
맞도록 꾸며졌는데 여기에서 생겨난 것이 現世內的 禁慾이
요, '끊임없는 職業勞動(rastlose Berufsarbeit)'이었던
것이다. 즉 신의 영광을 더할 수 있는 방법은 직접적으로
성서에 나타난 계시를 보든가, 또는 간접적으로 신이 창조
한 이 세계를 통찰하면 알 수 있는 것이지만, 이 세계는
놀랄 만큼 합목적적으로 조직되고 구성되어서 인간의 '효
용'에 응하고 있으며, 그리고 바로 이것이 신의 의사이므

로, 따라서 인간도 합목적적인 방법으로 근로를 하여 이러한 사회의 효용에 무엇인가를 첨가함으로써만 비로소 신의 영광을 더할 수가 있다(한역 98쪽). 동시에 아무 잡념 없이 직업활동에 몰두함으로써만 구원을 받기로 예정되어 있는가 아닌가에 대한 종교적 의혹도 제거될 수 있으며, 그리고 아마 이렇게 함으로써만 구원의 확실성도 보장될 수 있으리라(95쪽).

이리하여 여기에 현세내적 금욕의 집중적 표현으로서의 '직업'의 개념이 생겨났는데, 이것이 신의 명령, 즉 소명이라는 의미에서 독일어로 Beruf라 하고, 그리고 영어로 calling이라 한 것은 바로 이 때문이다(RS. I. 63. 한역 66쪽).

직업의 개념

우리들이 보통 생각하고 있는 바에 의하면, 참된 인생의 보람은 세속적인 사업 속에 있는 것이 아니라, 그것은 생계의 수단에 지나지 않으며, 따라서 먹을 것만 있다면 차라리 이런 일을 집어치우고 非世俗的인 '다른' 분야에서 인생의 산 보람을 맛볼 수 있다는 생각을 가지기가 쉽다. 그런데 종교개혁 당시의 프로테스탄트들의 직업개념은 이와 정반대의 것으로서, 그것은 세속적인 직업·상업·돈벌이야말로 신으로부터 주어진 사명을 수행하는 것이며, 이렇게 함으로써만 인간은 신의 영광을 더할 수 있는 것이므로 그것은 결코 수단이 아니라 그것 자체가 목적이 된다고 하는 것이었다.

그러므로 사람은 자기의 직업에 대하여 책임을 느끼지 않으면 안 되고 오로지 직업에만 충실하여 그것을 잘 감당해 낼 수 있도록 주야로 면려하지 않으면 안 되며, 그밖의 모든 세속적·인간적 욕망은 이것을 철저하게 잘라 버리지 않으면 안 된다. 합목적적으로 직업에 면려하는 것, 이것은 인생의 전부이며 이것만이 인생이다.

이러한 직업개념은 종교적 가치의 실현을 위하여 현세적인 결과를 도외시한다는 의미에서 '價値合理的'이기는 하지만, 그러나 세속적인 행복의 입장에서 본다면 그것은 '非合理的'인 것이었다. 종교개혁의 소산으로서 이와 같이 종교적·반자연적·반세속적·비합리적인 직업의 개념이 생겨났던 것인데, 베버는 바로 이러한 직업의 개념에 주목함으로써 근대자본주의를 과학적으로 설명해 보려고 하였다.

왜냐하면 근대자본주의의 支柱가 되어 있는 反權威主義, 反傳統主義, 그리고 철저한 개인주의는 바로 여기에서 생겨났기 때문이다.

목사·성예전·교회와 신의 무용론

二重豫定說에 의하면 인간이 구원을 받는 것은 그가 행한 선행이나 신앙 때문이 아니라, 오로지 신이 그를 구원하기로 예정하였기 때문이다. 被造物인 인간이 행하는 어떠한 것도 구원의 조건이나 원인이 될 수는 없다(≪웨스트민스터 신앙고백≫ 제3장 5절. 한역 84쪽). 따라서 인간이 구원을 받든가, 또는 그러한 확증을 얻기 위하여 ① 목사의 설교를 듣기로 한다면 그것은 무의미한 헛수고라 하지 않을 수 없다.

왜냐하면 설교를 듣는다고 할지라도 신의 말씀을 靈으로써 이해할 수 있는 사람은 오로지 구원이 예정된 자들뿐이기 때문이다. 또한 ② 聖禮典(sacrament)도 소용이 없다. 왜냐하면 성례전은 신이 자기의 영광을 더하기 위하여 정한 것이므로 엄수해야 할 것이기는 하지만, 그렇다고 해서 그것이 신의 은총을 얻기 위한 수단이 되는 것은 아니기 때문이다.

가톨릭교에서는 교회는 俗人大衆에 대한 은총의 '配給機關'이 되어 세속적인 일상생활을 하던 俗人이 승려 앞에 나와 痛悔 終油 같은 聖禮典을 함으로써 은총을 받을 수 있다고 인정되었다. 이것이 루터에 이르러 僧俗의 구별이 철폐됨으로써 儀式에 대신하는 신앙본위의 원칙이 확립되었으나, 그럼에도 불구하고 聖禮典에 의한 속죄는 사라지지 않았던 것인데, 캘빈 계통의 종파에 이르러 이러한 성례전의 가치는 완전히 부인되었던 것이다. 또한 다음에 ③ 교회도 소용이 없다. 왜냐하면 교회에 속하는 자 중에도 멸망이 예정된 자는 있을 것이며, 그리고 신의 택함을 받은 자는 비록 그가 교회 밖에 있을지라도 신의 영광을 더하기 위하여 신의 율법을 지키지 않을 수 없는 것이기 때문이다.

또한 끝으로 ④ 신도 소용이 없다. 왜냐하면 인간을 위하여 신이 있는 것이 아니라, 신을 위하여 인간이 있는 것이며, 또한 그리스도가 죽은 것도 택함을 받은 자만을 위해서이기 때문이다. 그러므로 택함을 받지 못한 자인 경우에는 그가 아무리 신을 찬양한다고 할지라도 그것 때문에 구원을 받게 될 수는 없는 것이다. 이와 같이 생사보다도 더 중요한 이 '영원한 구원'의 문제에 있어서 목사도 성례전도 교회도 그리고 신까지도 아무런 도움이 되지 않는다고 생각할 때 — 태초부터 정해진 운명을 향하여 고독한 노정을 걸어감에 있어서 누구도 나를 도와줄 수가 없다고 생각할 때 — 사람들은 '전례 없는 각 개인의 정신적인 孤立化感情(ein Gefühl einer unerhörten inneren Vereinsamung des einzelnen Individuums)'에 사로잡히게 된다(RS. I. 93. 한역 88쪽).

그리고 이처럼 무서운 교리(decretum horibile), 냉혹무비한 신, 이것이 二重豫定說의 귀결이었으며, 그 산물은 바로 지독하고도 매서운 '고립화감정'이었다. 동시에 프로테스탄트들은 이러한 고립화감정에 고통을 느꼈던 것이 아니라 도리어 반대로 신과의 가장 깊은 교섭은 오로지 고독한 혼의 비밀 속에서만 가능하다고 믿었던 것이다.

개인주의·반권위주의·반전통주의

이렇게 하여 역사상 그 유례를 찾아볼 수 없는 철저한 '個人主義'가 생겨났지만 결과는 결코 여기에서 그치지 않았다. 모든 被造物을 무의미하다고 배척하고 심지어는 목사와 聖禮典과 교회까지도 소용없다고 밀어내는 그들에게 있어서, 국왕이나 국가와 같은 地上의 권위를 신성시하고 또는 인간사회에서 오랫동안 내려온 전통에 스스로를 맡긴다는 것은 있을 수 없는 일이었다.

그런데 지상의 권위에 머리를 숙이고 오랜 전통을 그대로 따르는 것이 바로 전근대적 생활태도의 특징이었으므로, 프로테스탄트의 이러한 '반권위주의' '반전통주의'의 생활태도는 합리적 근대사회의 형성에 없어서는 안 되는 결정적인 추진력이 되었던 것이다.

이상으로써 프로테스탄트의 윤리가 어떤 것인가를 알아보았지만, 여기에 몇 가지를 더 보충하기로 하자.

유희서 사건

프로테스탄트들은 어떠한 被造物 숭배도 이를 배격하였지만 이것은 결국 모든 '감성적인 것'을 배척하고 意志에 살려고 하는 그들의 생활태도로 나타났다.

가령 예를 들면, 제임스 1세가 1618년에 ≪遊戲書(Book of Sports)≫를 발표하여 일요일에는 오락으로 즐길 것을 장려하였으나 프로테스탄트들은 철저하게 이에 항쟁하여 도리어 메이 플라워 호에 의한 뉴 잉글랜드 이주까지 결행하였던 것은, 그들의 반권위주의도 크게 작용하였지만, 반감성적인 그들의 생활감정도 이에 못지않게 작용하였던 것이다(한역 146쪽 이하). 그들에게 있어서 감성적인 것, 반이성적인 것은 아무것도 아닌 被造物이면서도 무한한 신의 권위를 僭稱하려는 것이라 해서 죄악시되었으며, 그들은 모든 문제에 있어서 '신의 뜻대로냐 또는 被造物의 허영이냐'라는 二者擇一의 규준 밑에서 사물을 판단하였다. 이리하여 그들은 감정 없는 냉혹한 인간이 되기를 원하였고, 표정은 대체로 근엄한 동시에 음울하였으며, 특히 영국인이 그리 음악을 좋아하지 않는 것도 이러한 생활태도 때문이었다.

자연과학 애호

또한 프로테스탄트들은 자연과학을 애호하였다. 그들은 인간의 능력에 신용을 두지 않았으므로 형이상학적 思辨을 통하여 '세계의 의미'를 알 수 있다고는 생각하지 않았다. 도리어 그들은 자연 속에 구현된 신의 법칙을 경험적으로 파악하는 것만이 '세계의 의미'에 관한 지식에 도달할 수 있는 유일한 길이라고 생각하였다.

즉 경험주의는 인간을 신 앞으로 인도하지만, 형이상학적 思辨은 도리어 인간을 신으로부터 멀리한다고 생각하였다. 이리하여 그들의 노력은 실리적인 자연탐구에 집중되

었으며, 근대의 자연과학은 바로 이러한 경험주의의 산물
이었다.

이상으로써 프로테스탄트의 윤리, 특히 그 직업윤리에
관한 개관을 끝맺고, 다음에는 절을 바꾸어 그것과 '자본주
의의 정신'의 관계를 알아보기로 한다.

제3절 자본주의의 정신

종교와 경제의 적합적 연관

베버는 위에서 본 바와 같은 프로테스탄트의 가치합리적 행위가 자본주의의 성립에 있어서 중요한 추진력이 되었다는 것을 강조한다. 물론 그는 '프로테스탄트의 윤리'가 원인이 되어 그 결과로서 자본주의가 '생겨났다'고 말하는 것은 아니다. 뿐만 아니라 그는 한 번 자본주의가 형성되어 움직이기 시작한 다음에는 성립 당시의 정신적 추진력을 떠나서 그것과는 별개의 '精神'에 의하여 운영되어 왔다는 것 또한 부인하는 것은 아니다.

그럼에도 불구하고 그는 어떠한 피조물의 권위도 인정하지 않고, 전통의 신성함을 무시하고, 자기가 절대적이라고 믿고 있는 가치의 실현을 위하여 철저하게 싸워 온 프로테스탄트의 행위야말로 전통주의를 타파하고 합리화의 길을 개척하는 데에 있어서 가장 적합한 것이었다고 생각하는 것이다.

우리의 역사적 경험에 비추어 보건대, 하나의 전통을 깨뜨리는 데 있어서는 아주 강력한 가치합리적 행위에 의하든가, 또는 카리스마적 열광에 의하지 않고서는 도저히 이루어지지 않는다는 것을 알 수 있으며, 그리고 전통주의의 잔재가 남아 있는 한 아무리 다른 조건이 잘 구비되어 있다고 할지라도 합리화의 과정은 결코 뜻대로 진행되지 않는다는 것을 알 수 있다.

그렇기 때문에 베버는 '프로테스탄트의 윤리'가 근대자본주의의 성립에 대하여 가지는 인과적 적합도가 지대하다는 것을 확신하기에 이르렀던 것이다. 즉 그가 그의 논문에서 명백히 하려고 하였던 것은 프랭클린의 ≪젊은 상인에게 주는 조언(B. Franklin, Advice to a young trades-man. 1748)≫에서 예시되어 있는 바와 같은 '자본주의의 정신'과 二重豫定說을 믿는 캘빈주의자의 윤리 사이의 '적합관계'였던 것이다.

심리학적 이해

그런데 여기에 주의해야 할 것은, 이와 같이 종교와 경제가 적합적 연관 속에서 결합된다고 해서, 교회의 지도자가 설교한 교리가 무한한 이윤추구를 하라고 명령했기 때문인 것도 아니고, 더구나 자본가가 영리추구의 목적과 교리실천의 목적을 目的合理的인 고려의 밑에서 결합시켰기 때문도 아니라는 것이다. 二重豫定說을 믿는 사람의 '심리구조'가 합리적으로 영리를 추구하는 심적 태도와 '친화성(Verwandschaft)'을 가지고 있다는 것을 베버는 말하려고 하였을 뿐이다. 우리는 전장에서 베버가 '객관적으로 타당한 의미'와 '주관적으로 사념된 의미'를 구별한다는 것을

알아보았지만 이러한 구별은 여기에서 중요한 의의를 가지
게 된다. 앞에서 본 바와 같이 그는 二重豫定說이 '전례 없
는 각 개인의 정신적인 고립화감정'을 가져왔다고 말하였
지만, 그는 이러한 주장을 二重豫定說의 객관적 의미내용
으로부터 곧 끄집어 낸 것은 아니었다.

물론, 자기의 혼의 운명이 천지창조의 옛날부터 신에 의
하여 예정되어 있다고 하면, 자기의 혼을 구제한다는 중대
문제에 관하여 누구의 원조도 받을 필요가 없다는 것은 二
重豫定說의 객관적 의미로부터 곧 끄집어 낼 수 있을 것이
다. 그러나 이러한 논리적 귀결만으로 곧 캘빈주의자의 그
지독한 대인감정이 연역된다고 생각할 수는 없다. 우리는
二重豫定說의 객관적 의미를 이해할 뿐만 아니라, 그러한
교리를 진정으로 믿고 있는 신자의 입장이 되어서 그러한
신자의 감정을 追體驗함으로써만, 즉 신자에 의하여 주관
적으로 思念된 의미를 파악함으로써만, 신자의 고립화감정
을 이해하게 되는 것이다. 이리하여 행위자의 심리과정을
追體驗한다는 베버의 理解社會學의 면모가 여기에서도 잘
나타나 있다. 그러나 여기서 말하는 심리학적 이해는 결코
실험심리학적인 '觀察'과 혼동되어서는 안 된다. 그것은 누
가 언제 어디서 무엇을 체험하였는가를 알려고 하는 것이
아니고, 유형적으로 구상된 '이념적'인 主體의 심리과정을
追體驗하는 것을 의도할 뿐이다.

같은 캘빈주의자라 할지라도 거기에는 여러 가지 성격

의 사람들이 포함되어 있을 것이므로, 실험심리학적인 관찰 방법에 의해서만은 우리는 아무런 결론도 끄집어 낼 수가 없는 것이다.

다음에는, 이 정도의 예비지식을 가지고 베버가 분석하는 '자본주의의 정신'을 알아보기로 하자.

≪젊은 상인에게 주는 조언≫

우선 베버는 자본주의의 정신을 철저하게 표현한 하나의 자료로서 ─ 앞에서도 언급한 바 있는 ─ 저 유명한 프랭클린의 ≪젊은 상인에게 주는 조언≫에서 그 몇 구절을 인용하였다(RS. I. 31f. 한역 40~41쪽). 이제 그것을 여기에 소개하면 다음과 같다.

"시간은 금전이라는 것을 명심하라. 하루의 노동으로 10실링을 벌 수 있는 자가 반나절을 산보를 하거나 또는 방 안에서 게으르게 지냈다고 하면, 설사 오락을 위해서는 6펜스밖에 지출하지 않았다고 할지라도, 그것만을 따져서는 안 되며, 그는 5실링의 돈을 ……포기한 셈이 되는 것이다.

신용은 금전이라는 것을 명심하라. 어떤 사람이 지불기일이 지난 뒤에 자기 돈을 나에게 맡겨 둔다면, 그 사람은 나에게 이자액만큼 또는 그 돈으로 그 기간 동안 벌 수 있는 만큼의 은혜를 베푼 것이다. 우리가 신용이 많고 좋아서 그것을 충분히 이용만 한다면 이는 거액에 달할 것이다.

화폐는 원래 번식력과 결실력을 가지고 있다는 것을 명심하라. 돈은 돈을 낳고 그 새끼가 또 새끼를 친다. 5실링을 굴리면 6실링이 되고 이것을 더 운용하면 7실링 3펜스가 되어 결국 100파운드까지도 된다. 돈이 많으면 많을수록 그 운용에서 나오는 금액도 많아지기 때문에, 점점 더 利益增大의 속도는 빨라진다. 한 마리의 암퇘지를 도살하는 자는 그놈에게서 낳을 천 마리의 돼지를 없애 버리는 셈이 된다.

5실링의 돈을 死滅시키는 자는 그것으로 만들 수 있었을 수천 파운드의 돈을 죽여 버린(!) 셈이 된다. 잘 지불하는 자는 만인의 호주머니의 주인이 된다는 속담에 나오는 말을 명심하라. 약속한 시일에 정확하게 지불하는 사람으로 알려진 자는 친구가 당장에 쓰지 않는 돈은 언제든지 빌려 쓸 수가 있다. …… 그러므로 빌린 돈의 지불은 약속한 시간보다 일각도 늦어지지 않도록 하라. 이것은 네 친구가 그것 때문에 노해서 그후 네 앞에서 호주머니를 잠그는 일이 없도록 하기 위함이다.

일신상의 신용에 관계되는 일은 비록 사소한 행위일지라도 주의하여야 한다. 너의 채권자가 너의 망치 소리를 새벽 다섯 시나 저녁 여덟 시에 듣는다면 그는 지불기일이 6개월이나 연장된다 해도 만족해할 것이다. 그러나 네가 마땅히 노동해야 할 시간에 그가 당구장에서 너를 보거나

요릿집에서 네 목소리를 듣는다면, 그는 다음날 아침에 즉시 지불을 독촉하고 준비되기 전에 자기 돈을 청구할 것이다.……"

이러한 문장에 나타난 처세철학에 대하여 독일의 퀴른베르거(F. Kürnberger)는 이것을 '양키즘의 신앙고백'이라고 조소하였고, 그것을 요약하여 '소에게서는 기름을 짜내고 사람에게서는 돈을 짜낸다.'고 말하였다. 그러나 이 문장을 잘 음미해 본다면 우리는 그곳에서 '신용할 수 있는 성실한 인간이 되라.' 또는 '자기자본을 증가시키는 것을 생활목적으로 삼고서 노력하는 것이 모든 사람의 의무다.'라는 이상이 들어 있음을 알 수 있다. 그리고 이러한 교훈은 결코 단순한 하나의 처세술로서 그치는 것이 아니라, 훌륭한 하나의 '倫理'가 되어 있는 것이며, 따라서 그것을 범하는 자는 일종의 義務忘却者로서 취급을 받게 되는 것이다. 그리고 우리가 '자본주의의 정신'이라고 말할 때는 바로 이러한 윤리적 성격(Ethos)을 생각하는 것이다.

전근대적 자본주의

돈을 벌려는 욕망, 즉 금전욕 또는 영리욕은 물론 근대에 이르러 비로소 시작된 것은 아니다. 타산적으로 돈을 번다는 의미에 있어서의 '자본주의는 중국·인도·바빌론에도 존재하였고 고대와 중세에도 존재하였다(RS. I. 34. 한역 43쪽).'

우선 옛날부터 隊商 콤멘다(Kommenda)의 형태로 운영된 遠隔商業과 換錢, 기타의 화폐취급업무가 성행하였는데, 베버는 이것을 商人資本主義(Händlerkapitalismus)라고 불렀다.

그런데 이것보다도 못지않게 중요한 의의를 가지는 것은 그가 소위 政治寄生的 資本主義(politisch orientierter Kapitalismus)라고 부르는 것이다. 즉 화폐경제가 어느 정도로 발전하고 국가의 재정이 화폐화되어 있는 경우에는 반드시 정치적 권력을 배경으로 '물 묻은 손으로 조〔粟〕를 만지는 격'으로 돈을 벌어대는 자가 생기게 된다. 이러한 것은 여러 가지 형태로 옛날 바빌론·그리스·로마·인도·중국 등 어떠한 나라에서도 행하여졌다. 그리고 가장 대표적인 것은 租稅請負(Steuerpacht)였다. 뿐만 아니라, 豪商이 자금을 갹출하여 도시국가의 전쟁이나 해적에게 돈을 대주었다가 나중에 전리품을 나눠 가진다든가, 또는 플란타겐(Plantagen, 노예나 半自由民을 사용하는 식민지적 영리농장)과 같은 정치적 이권을 매수하여 不自由民 또는 반자유민을 권력을 배경으로 착취한다든가, 또는 政黨이나 정치가에게 자금을 대주어서 政爭이나 내란에 성공하도록 해주고는 나중에 그 세력을 경제적으로 이용한다는 등, 그 방법은 얼마든지 있을 수 있었다(W.u.G. 96f). 그리고 이러한 것들은 물론 근대사회에서도 볼 수 있는 것이지만, 전근대사회에서는 그 전부가 이러한 형태

를 취하고 있었으며, 노예에 기초를 둔 그리스나 로마의
소위 '古代資本主義(antiker Kapitalismus)'에서는 政治
寄生的 性格이 특히 현저하였다.

이와 같이 자본주의는 근대에 뿐만이 아니라 전근대에
서도 인정될 수 있는 것이며, '중국의 官人(Mandarin)'이
나 고대 로마의 귀족, 근대의 농업지주 등의 '所有慾'은 그
어느 것에도 비할 바가 없을 정도였다. 그밖에도 나폴리의
馬夫나 船夫, 더구나 이와 비슷한 직업에 종사하는 아시아
인들, 아니 南歐나 아시아 여러 나라의 수공업자에 이르기
까지 그들이 가지고 있는 그 金錢慾(auri sacra fames)
은 동일한 처지에 있는 영국인들보다 훨씬 철저하고 유난
히 파렴치하다는 것은 누구나 경험할 수 있는 사실이다
(RS. I. 41f. 한역 47쪽).

그러므로 이러한 것을 본다면 금전욕이 강하다는 한 가
지 특징만을 가지고 근대자본주의의 성격을 규정지을 수
없다는 것을 알 수 있다.

단순한 금전욕

금전욕은 우리가 알 수 있는 한의 인류역사와 더불어 오
랜 역사를 가지고 있다. 그러므로 '이익을 위해서라면 지옥
까지라도 항해하여 돛이 타는 것조차 사양하지 않겠다,'라
고 말한 네덜란드의 선장과도 같이, 본능으로서의 금전욕
때문에 모든 것을 포기한다는 것은 결코 근대자본주의에만

특유한 것은 아니었다. 어떠한 규범적 제약도 받지 않으려
는 엉터리 영업활동은 어느 시대에나 존재하였다(RS. I.
43. 한역 48쪽).

그러면 금전욕에 사로잡혀 있다는 것 외에 또 하나 들
수 있는 근대자본주의의 특징은 무엇이 될 것인가. 이에
관하여 베버는 '合理性'을 들고 있다. 즉 전근대에서는 그
금전욕이 아무리 파렴치하고 강하다 할지라도 합리적인 기
업경영과 합리적인 노동조직이 경제행위의 방향을 결정하
는 데 지배력을 가지지는 못하였다고 그는 말하고 있다
(RS. I. 43. 한역 49쪽).

가령 遠隔商業이나 또는 정쟁·내란·전쟁과 결탁한 영
리활동에서 보는 바와 같은, 일확천금을 꿈꾸는 '모험자본
주의(Abenteuerkapitalismus)'라든가, 부자유민 또는
반자유민을 사용함으로써 초래되는 경영의 비능률이라든
가, 또는 평화적 수단으로 일상생활의 수요를 충족시키는
것이 아니라 ─ 전쟁 해적행위에서 보는 바와 같이 ─ 직
접적으로 폭력을 사용하여 약탈한다는 등등을 보아도 알
수 있는 바와 같이, 전근대의 단순한 금전욕에만 사로잡힌
자본주의는 철저하게 불합리한 것이었다.

자본주의의 정신

그런데 앞에서 말한 프랭클린의 교훈에서는 이러한 불
합리성은 깨끗이 청산되어 있다. 즉 여기에는 ① 이윤을

취하기는 취하되 합법적인 이윤만을 취한다는 것과 ② 그러한 이윤은 합리적인 조직을 통해서만 취한다는 것과 ③ 이러한 합리적 조직을 통하여 합법적으로 이윤을 취득하는 것을 인간은 자기의 사명, 즉 직업으로 삼아야 한다는 것이 강조되어 있다.

다시 말하면, 여기에 근대적 자본가의 독특한 윤리적 태도가 표명되어 있다. 그런데 이러한 정신적·윤리적 태도는 근대자본주의적 기업에서 비로소 가장 '적합한' 형태를 발견했던 것이며, 또한 반대로 자본주의적 기업은 이러한 정신적 태도에서 비로소 가장 '적합한' 정신적 추진력을 얻을 수 있었다. 그러므로 우리는 프랭클린에 의하여 밝혀진 바와 같은 '합법적 이윤을 조직적·합리적으로 추구하는 것을 직업(사명)으로 삼는 정신적 태도'를 '(근대)자본주의의 정신'이라고 부를 수 있다(RS. I. 49. 한역 54~55쪽).

이로써 '자본주의의 정신'은 명백해졌으므로, 다음에는 그것과 '프로테스탄트의 금욕정신' 사이에 어느 정도의 적합관계가 있었던가를 알아보기로 하자.

그리스도교 지도서

이 점에 관하여 베버는 영국의 유명한 신학자였던 백스터(Richard Baxter, 1615~91)의 ≪그리스도敎指導書(Christian Directory)≫를 검토해 볼 필요가 있다고 말하였다(한역 136쪽 이하). 캘빈 자신은 敎職者의 富가 그들의 신앙활동을 방해하지 않을 뿐 아니라 도리어 그들의 신망을 더해 준다는 이유에서 이것을 환영하였지만, 그후에 나타난 청교도들의 저서에서는 반대로 지상의 재물을 위험시하는 태도가 농후하였다. 즉 그들이 주장하는 바에 의하면, 도덕상 가장 죄악시되는 것은, 재산을 가지고 휴식하는 것과 부의 향락과 그 결과인 태만과 情欲, 특히 '거룩한' 생활에로의 노력을 회피하는 것이다. 재산이 도덕적으로 위험시되는 것은 그것이 이러한 휴식의 위험성을 수반한다는 '단 하나'의 이유 때문이다. 그러면 어째서 이처럼 휴식을 나쁘다고 인정하는 것인가? 지상에서의 인간은 자기의 구원을 확실하게 하기 위하여 '나를 보내신 이의 일을 낮 동안에 행하지' 않으면 안 되는데, 그런데 휴식은 이러한 일을 행하기 위한 '시간을 낭비'하는 것이기 때문이다. 시간 낭비는 원칙상으로 최대·최초의 죄악이다. 인생에 있어서 시간은 자기의 召命을 '견고히 하기' 위하여는 한없이 짧고 또한 귀중하다. 교제라든가 쓸데없는 잡담 또는 사치 등으로 인한 시간 손실뿐만 아니라, 건강에 필요한 분량 이상의 수면으로 인한 시간 손실도 도덕상 절대로 배척되어야 한다.

시간이 손실되면 그만큼 신의 영광을 위한 노동이 상실되기 때문에, 시간이란 무한히 고귀한 것이다. 또한 '無爲한 默想'도 그것이 직업활동을 희생함으로써 얻어지는 것

인 이상 신을 기쁘게 할 수 없는 것이므로, 그것은 전혀
무가치한 것이라 하지 않을 수 없다. 이리하여 잡념 없는
육체적 또는 정신적 노동의 필요성이 강조되었는데, 백스
터도 마찬가지로 그의 저서에서 되풀이하여 이 점을 역설
하였다. 즉, 첫째로 그는 노동은 가장 믿을 만한 '금욕수단'
임을 주장하였다. 종교적인 의심이라든가 소심한 自己苛責
을 극복하기 위해서 뿐만 아니라, 모든 성적 유혹에 넘어
가지 않기 위해서도 — 절도 있는 攝生·菜食·冷水浴 등
의 방법 이외에 — '자기의 직업에 충실하다'는 것이 가지
고 있는 독자적인 예방 수단으로서의 효능이 충분히 존중
되어야 한다는 것이었다.

그러나 노동의 가치는 단순히 이와 같이 금욕 수단으로
서 효과적이라는 데에 그치는 것은 아니다. 둘째로, 노동
은 좀더 커다란 의의를 가지고 있는데, 노동은 무엇보다도
신이 명하신 생활 그 자체의 '目的'이라는 것이다. 聖 토마
스(St. Thomas Aquinas)도 노동의 중요성을 인정하기
는 하였으나, 그러나 이것은 일반적으로 인류는 노동을 해
야 한다는 것뿐이지 모든 개인이 다 노동을 해야 한다는
뜻은 아니었다. 그러므로 일하지 않고도 먹을 수 있는 사
람인 경우에는 노동에 시간을 허비하지 않고 '神國的 活動
의 精神的 形態인 默想'에 잠김으로써 더욱 가치 있는 일을
할 수 있다고 인정되는 것이었다.

그런데 백스터는 윤리적 의무로부터의 노동의 이러한

이탈을 철저히 부정하고, 재산이 있는 자일지라도 무조건 노동을 해야 한다는 신의 명령을 회피할 수는 없다고 강력히 주장하였다.

"재산이 있는 자라도 일하지 않고서는 먹지 말아야 한다. 왜냐하면 설사 자기의 욕망 충족을 위해서는 노동이 불필요하다고 하더라도 신의 誡命은 그에게도 엄존해 있으며, 그러한 자라도 가난한 사람과 마찬가지로 이에 복종하지 않으면 안 되기 때문이다. 즉 신의 섭리에 의하여 누구에게나 차별없이 하나의 職業(calling)은 마련되어 있으며, 인간은 그것을 깨달아 그 안에서 일하지 않으면 안 된다(RS. I. 172. 한역 140쪽)."

"이와 같이 富가 위험하다는 것은 다만 태만과 죄악적 쾌락에의 유혹 때문일 뿐이며, 부의 추구가 후일의 근심 없고 안일한 생애를 위하여 행해질 경우에만 위험시된다. 이에 반하여 직업의무의 이행으로서라면 이는 도덕적으로 허용될 뿐만 아니라 실은 명령되어 있는 것이다(RS. I. 176f. 한역 143쪽)."

웨슬리의 말

이와 같이 계속적이고 조직적인 세속의 직업노동을 그저 단순히 最良의 금욕수단으로 삼을 뿐만 아니라, 이것을 참다운 신앙의 가장 정확하고도 명백한 확증으로서 종교상 중요시하는 것이 청교도들의 기본 신념이었다. 이러한 태도야말로 — 앞에서 본 바와 같이 우리가 '자본주의의 정신'이라고 불러 온 바로 그 인생관을 확장하고 발전시키는 데 가장 적합하고도 강대한 원동력이 되었던 것이다. 그리고 이것이 바로 베버가 그의 위대한 논문에서 맺은 결론이었지만(RS. I. 191f. 한역 151쪽 이하), 그는 자신의 결론을 더욱 확실하게 하는 의미에서 대표적인 메더디스트였던 웨슬리(John Wesley)의 다음과 같은 글을 인용하였다.

"내가 알기에는, 富가 증가하는 곳에서는 언제나 종교의 실질이 그만큼 감소되었다. 그러므로 자연상태 그대로는 참다운 신앙의 부흥을 오랫동안 지속시킬 수 있는 방법이 어떻게 가능한지를 나는 알지 못하고 있다. 왜냐하면 종교는 필연적으로 근면과 검소를 낳게 마련이고, 그리고 이렇게 되면 그것들은 반드시 부를 낳게 되는 것인데, 그런데 부가 증가하게 되면 자만심과 現世愛도 여러 가지로 증대하기 때문이다. 그러면 마음의 종교인 메더디즘은 지금은 마치 잎이 무성한 나무와도 같이 생생하지만 이러한 상태를 오랫동안 지속시키려면 어떻게 해야 할 것인가. 메더디스트는 어느 곳에서나 근면하고 검소하여 그 결과로 그들의 재산은 늘어가지만, 반면에 그것 때문에 그들의 자만심과 정욕과 육체적 세속적인 욕망과 생활의 태만도 그만큼 늘어간다. 그리하여 종교의 형식은 남지만 그 정신은 점차 없어져 가는 것이다. 그러면 이와 같이 순수한 종교가 계속적으로 썩어가는 것을 막을 수 있는 좋은 방법은 없을 것인가. 우리는 사람들이 근면하고 검소해짐을 방해할 필요는 없다. 우리는 모든 예수교 신자에게 되도록 많이 벌고 되도록 절약하기를, 즉 결과적으로는 부자가 되기를 권하지 않으면 안 된다(RS. I. 196f. Kröner 374. 한역 154쪽 이하)."

다시 말하면, 프로테스탄트의 윤리를 따라 철저하게 금욕적으로 직업노동에 정진한다면 자연히 돈은 벌게 되지만, 이 돈을 생활비로 풍족하게 써버린다면 우리의 종교적 정신은 그만큼 후퇴하는 것이므로 이러한 돈을 그대로 쓰지 말고 그것을 쌓아 두어서 자본을 축적해 두기만 하라는 것이다. 그리고 바로 이러한 '종교적 윤리'가 그대로 '자본주의의 정신'과 통할 수 있음은 짐작할 수 있는 일이다.

제4절 근대자본주의의 목적합리성

근대자본주의의 목적합리성

近代資本主義의 배후에는 종교로부터의 정신적 추진력이 크게 작용하였다는 것을 우리는 보았다. 그러면 이와 같이 하여 추진된 근대자본주의는 — 目的合理性에 맞추어 — 실제로 어떠한 형태를 취하였던가.

근대에서는 관청이나 회사 또는 공장 같은 것은 대개가 거대한 조직을 가지고 있다. 여기에는 수많은 근로자가 포함되어 있지만, 그럼에도 그들은 참으로 질서정연하게 움직이고 있다. 그리고 이처럼 大量成員을 가진 단체가 합리적으로 운영된다는 것 속에서 우리는 그 무슨 '근대성'을 느끼기까지 하는 것이다. 그러면 이러한 것들 속에서 공통적으로 인정할 수 있는 근대적 조직체의 특징은 무엇인가.

우선 몇 가지 특징을 추려 본다면 첫째로, 근무자의 근무처와 私宅이 분리되어 있다. 기업과 家計가 분리되어 있다는 것을 우리는 근대적 경제생활의 특징 중 하나로 들고 있지만, 이러한 것을 우리는 관청이나 군대에서도 볼 수 있다. 둘째로, 근무처에서는 근무자와 물적 경영수단이 분리되어 있다. 관청이나 군대에서는 근무에 필요한 물적 수단, 즉 건물·집기·筆墨 등은 모두 국가에서 지급된다.

그리고 근로자는 다만 그곳에서 일을 하고서 일정한 규준에 의한 봉급을 받을 뿐이다. 또한 마찬가지로 공장에서의 노동자는 생산수단으로부터 분리되어 있다. 셋째로, 근무는 전문화되어 있다. 근무자는 일정한 전문적 부서에 배치되고 그 부서에만 국한된 부분적 기능을 담당하며, 이러한 전문적 활동이 분업적으로 협력함으로써 전체가 운영되어 간다(權限의 原則). 넷째로, 분업을 통하여 전체가 잘 운영되기 위해서는 근무자는 그 단체의 규율을 잘 지키고 이미 확립되어 있는 직무계통에 따라 상급자의 명령에 복종하여 책임을 지고서 담당사무를 완수하지 않으면 안 된다. 즉, 왕성한 책임감정이 필요하게 되며, 公私를 엄격히 구별하여 자기의 근무에 어떠한 私情도 개입시켜서는 안 된다. 다시 말하면 — 우리가 이미 프로테스탄트의 윤리에서 본 바와 같은 — 직업인의 직업적 금욕이 있지 않으면 안 된다. 그런데 근대적 조직체에는 대개는 大量成員(Masse, mass)이 포섭되어 있는데, 이러한 대량성원이 일사불란으로 엄격하게 직업적 금욕을 감당해 내려면 반드시 특수한 훈련이 필요하게 된다. 그래서 다섯째로, 근대적인 교육양식이 생겨났다. 즉 학습을 통하여 일반대중에게 전문적인 근무능력을 체득시키려고 하는 것인데 이러한 학습의 장소로 — 서당이나 道場은 부적당하고 — 근대적인 학교가 만들어져야 했다. 여기에는 수많은 사람들이 그 신분에 관계없이 수용되어 일정한 기간 동안 전문적 지식의 교육

을 받고, 일정한 유형의 전문적 근무능력을 가진 자들이
대량으로 배출된다. 끝으로, 이러한 대중이 교육을 받고
또한 사회에 나아가서 활동하기 위해서는 누구나 쉽게 이
해하고 습득할 수 있도록 지식과 규범의 체계가 모순 없이
정리되어 편집되지 않으면 안 된다. 그래서 교과서, 法典
같은 것이 만들어지는 것이다.

persönlich와 sachlich

그런데 근대적 조직체 속에서 근무하고 있는 사람들에
게는 간과해서는 안 되는 중요한 심적 태도가 공통적으로
인정된다. 또는 좀더 정확하게는 그러한 심적 태도를 가지
고 근무해 줄 것이 요청되어 있다. 고대나 중세에 있어서
의 명령, 복종의 관계는 문자는 그대로 '主從의 관계'였다.

복종자는 명령자에 대하여 이를테면 家臣으로서, 그 명
령의 내용이 어떠한가는 완전히 불문에 부치고, 그저 私人
으로서 명령자 개인에 헌신할 뿐이었다. 그러므로 당시에
는 全人的·情誼的으로 헌신하는 敬虔(Pietät)이야말로
최고의 미덕이라고 찬양되었는데, 베버는 이것을 persön-
lich(이러한 의미에 맞는 적당한 譯語가 없지만, 잠정정으
로 '有情者的'이라고 번역해 두기로 한다)라는 말로써 표현
하였다. 그런데 근대에서는 이러한 有情者的인 태도는 철
저하게 배격된다. 즉 근대에서는 근무자 전체에게 공통된
헌신의 목표가 있는데 이러한 목표의 달성을 위해서는 명

령자나 복종자 사이에는 — 그들이 모두 동일한 조직체의 근무자인 이상 — 아무런 차별도 인정되지 않는다.

가령 군대의 예를 들어서 생각해 보기로 한다면, 군대는 합리적인 편제와 군율을 따라 치밀하게 조직되어 있으며, 따라서 하나의 명령이 내려지는 경우에는 군대 전체가 어떻게 이것에 반응할 것인가를 정확하게 계산할 수 있도록 마련되어 있다. 그러므로 가령 하나의 계획이 만들어져 그것이 발령되면 그 계획이 요구하는 질서를 그대로 실현하면서 '기계와 같이' 군대 전체가 행동을 취하게 된다. 그리고 이와 같이 군대를 '기계와 같이' 움직이도록 하는 것이 모든 군인에게 공통되어 있는 헌신의 목표이며, 이러한 목표의 달성을 위해서는 — 비록 담당하는 분야는 다를지언정 — 명령하는 장교나 복종하는 사병 사이에 차별이 있을 수가 없다.

그러므로 가령 민간에 있을 당시에 과장이었던 사람이 사병이 되고, 그 밑에 課員으로 있던 사람이 장교가 되어 그들이 같은 부대에 있게 된다고 할지라도 과장이었던 사병은 부하였던 장교의 명령에 — 조금도 私情을 개입시킴이 없이 — 복종하지 않으면 안 된다. 그리고 이렇게 해야만 군대는 '기계와 같이' 움직일 수가 있다. 그리고 베버는 이러한 태도를 sachlich(역시 적당한 譯語가 없지만 '沒主觀的'이라고 임시로 번역해 두기로 한다)라는 말로써 표현하였다.

이상은 근대적 조직체에 공통되어 있는 일반적인 특징과 그 속에서 근무하는 사람들의 심적 태도를 본 것이지만, 이러한 것은 물론 근대자본주의에서도 그대로 찾아볼 수 있다. 아니 근대자본주의의 경제조직 속에서 비로소 이러한 것들이 가장 모범적으로 발현되었다고까지 말할 수 있다. 베버가 근대자본주의의 目的合理性 또는 形式合理性(formale Rationalität)이라고 부를 때, 그는 이러한 사정을 머리에 그리고 있었던 것이다. 자본주의 경제에 관하여 이러한 목적합리성이 전형적으로 나타난 근대적 形象으로서는 복식 부기와 관료제를 들 수 있다. 그러므로 다음에는 이러한 두 형상을 차례로 알아보기로 하자.

자본계산

베버는 자본주의의 개념을 구성함에 있어서 자본계산(Kapitalrechnung)을 그 중심에 가져온다. 자본가는 期首에 있어서의 元本의 화폐가치와 期末에 있어서의 그것의 가치를 비교대조함으로써 영리의 기회와 그 성과에 대한 예상을 세우고 이에 따라 여러 가지로 조정을 하는 것인데, 이러한 계산이 즉 여기에 말하는 資本計算이다(W.G. 48f). 그러므로 어떠한 시대의 사회경제라 할지라도 그 사회에 있어서의 財貨의 調運이 이러한 자본계산을 따라 행해지는 경우에는, 그것은 그러한 한도 안에서 자본주의적(kapitalisch)이다(W.u.G. 62).

이러한 관점에서 베버는 전근대적 자본주의를 분석하여 그것은 ① 전쟁·혁명·정당에 대한 융자, 식민지에 대한 權益의 획득, 租稅請負·官職請負(Amtspacht) 買官 등에 의한 국가수입의 중간착취 등의 형태를 취하는 정치기생적 자본주의 또는 ② 상업·화폐취급업무 또는 고리대금 등 평화적이긴 하지만 투기성이 강한 상인자본주의 둘 중의 하나가 된다고 보았다(W.u.G. 95f). 그런데 이러한 전근대적 자본주의와 근대자본주의를 비교해 본다면 전자는 그 자본계산의 태도가 지극히 불합리하고 불확정적이라는 것을 알 수 있다.

전쟁이나 정쟁에 이길 것을 기대하면서 융자를 한다는 것은 만일의 경우에는 전재산이 하늘로 날아간다는 것을 각오하고서 행하는 모험이 아닐 수 없다. 이에 대하여 근대자본주의에서 그 자본계산은 지극히 합리적으로 행하여 진다. 우리는 근대자본주의 경제의 특징으로서 흔히 유통경제, 기업과 가계의 분리, 자유노동자와 임금노동제, 합리적인 근대기술, 근대국가의 합리적인 행정·사법 등을 들고 있다. 여기에서의 자본계산은 이러한 것들과 내면적으로 통일되어 가면서 참으로 합리적으로 행하여지는 것이다. 그리고 우리가 근대자본주의의 합리성을 말할 때 그것은 바로 자본계산에 있어서의 이러한 目的合理性 또는 形式合理性을 두고 말하는 것이다.

복식부기

그런데 합리적인 자본계산은 複式簿記가 채택됨으로써 더욱 그 능률을 발휘할 수 있게 되었다. 특히 단식부기가 보여 주는 바와 같은 화폐계산이나 전통적인 실물계산과 비교한다면, ① 계산의 網羅性 ② 記帳의 조직성 ③ 모든 經濟事象을 문서화·수량화함으로써 얻어지는 정확성 등으로 말미암아 복식부기에 의한 화폐계산이 얼마나 합리적으로 행하여질 수 있는가를 알 수 있다.

뿐만 아니라 기업과 家計를 분리시키고 기업의 독립화를 가져오는 데에 있어서 복식부기 제도가 공헌한 공적은 지대하였다.

즉 ① 복식부기의 계산은 누구도 할 수 있고, 누구도 알 수 있으며, 계산은 기업가의 인격의 우연성으로부터 해방되어 있다. 그리고 또한 ② 복식부기는 그 처음이 주어지면 계산은 기정방침을 따라 객관적 기계적으로 계속하여 수행되며, 그 결과 기업에는 인격적 색채가 없어지고 그것 자체에 내재하는 고유법칙을 따라 기업가와는 독립하여 질서 있게 운영되어 갈 수 있게 된다. 그러므로 근대자본주의 경제는 이러한 복식부기를 채택함으로써 그 자본계산의 형식합리성이 더욱 최고도로 발휘될 수 있었던 것이다.

관료제

고도로 합리적인 자본계산은 역시 고도로 합리적인 '經

營'과 표리일체가 되어 있다. 그리고 이와 같이 합리적인 '경영'의 구조로서 여기에 특기해야 할 만한 것은 '관료제 (Bürokratie)'이다.

관료제를 중심으로 한 지배형태의 사회학적 카주이스틱 에 관하여 W.u.G. 126f.(Parsons' trans. 333f.) 참조. 그리고 관료제 그 자체에 관한 체계적인 서술은 W.u.G. 559~587에 있다. 韓泰淵, 金南辰 공동으로 번역된 ≪官僚制≫와 또한 Gerth and Mills, From Max Weber. pp. 196~244는 이 후자를 번역한 것이다.

근대자본주의는 합리적인 관료제의 기초 위에서만 역시 합리적으로 운영될 수 있었다. 근대국가가 그 관료제적인 중앙집권에 의하여 치안을 확보함으로써 대규모 생산에 없어서는 안 되는 시장을 형성하고, 상법이나 통일된 화폐제도 같은 경제질서를 창설·보증·유지하고 그리고 근대적인 '관료'가 전문가로서 국가의 계획적·합리적인 재정정책 또는 금융정책에 참여하는 것 등은 그 가장 현저한 예가 되는 것이지만, 그중에서도 특히 베버가 중요시하는 것은 다음과 같은 점이다.

즉 근대자본주의는 방대한 고정자본을 투하하여 그것을 지속적·계획적으로 운용하는 것을 특징으로 한다. 그런데 이때 가장 禁忌되는 것은 앞날의 일을 예측할 수 없을 만큼 사태가 불안정하다는 것이다. 전근대적인 왕조국가나

봉건국가에서는 그 행정과 사법이 전통적 세력에 기반을
둔 지배자의 恣意에 의하여 무궤도하게 행하여졌으므로 장
기적인 기업활동은 불가능하였고, 다만 정치적 권력에 기
생하든가 또는 무모한 투기적 활동만이 유일한 영리적 사
업으로 존속할 수 있었다. 그리고 이와 같이 정치적 또는
기타의 이유로 말미암아 불안정한 사태가 계속되는 경우에
는 사람들은 안심하고 방대한 고정자본을 장기간 계속적으
로 투하할 수는 없게 되는 것이다.

그런데 근대국가에 있어서는, 미리 국민에게 公示된 成
文法體系가 있고, 그러한 질서 밑에서 국가활동은 전문적
이고, 또한 無私的인 관료에 의하여 계획적 · 안정적으로
집행된다. 다시 말하면, 근대국가의 국가활동은 우연성과
恣意性을 벗어나 예견할 수(berechenbar) 있는 것이 된
다.

따라서 기업가는 안심하고 이러한 국가활동을 기초로
자신의 활동을 전개시킬 수 있게 된다. 동시에 근대자본주
의의 특징인 방대한 고정자본의 투하는 이러한 조건 밑에
서만 비로소 가능하게 된다.

이리하여 근대자본주의의 성립과 발전에 있어서 합리적
인 관료제가 얼마나 중요한 의의를 가지는가를 알 수 있
다. 그리고 이러한 관료제의 구조가 어떤 것인가에 관하여
는 本節 初頭('근대자본주의의 목적합리성')에서 이미 상술
하였다. 그러나 근대사회에 있어서의 이러한 의미의 관료

제 구조는 비단 국가기구 속에서만 찾아볼 수 있는 것은
아니다. 근대사회에 있어서는 ― 그리고 사회주의 사회에
있어서도 ― 군대·공장·회사는 물론이고, 정당·교회·
학교·조합 등에 있어서도 그것이 대중을 포함하고, 그리
고 질서정연한 운영에 의하여 소위 '조직의 힘'을 발휘하는
지속적인 운영단체로서 존속하는 한, 그 관리는 반드시 관
료제의 구조를 따라 행하여진다.

관료제는 근대성의 표지가 된다. 위에서 말한 바와 같은
여러 단체의 구조를 고대나 중세에 있어서 동일한 기능을
담당해 온 단체의 그것들과 비교해 본다면 합리적인 관료제
의 구조야말로 전근대와 근대를 구별하는 중요한 표지의 하
나가 된다는 것을 알 수 있다. 그러므로 관료제에 관한 좀
더 상세한 논급은 전근대와 근대를 논하는 다음 장에서 행
하여질 것이다.

제4장 근대와 전근대

제1절 지배의 형태

지배의 구조와 종교의식

합리적인 자본주의는 근세의 서양에서만 비로소 생겨날 수 있었다. 그리고 앞에서도 여러 차례 말한 바와 같이 베버의 최대의 관심사는 이러한 근대화의 문제였다. 다시 말하면, 근대의 합리적 자본주의의 사회경제사적인 성립의 문제를 해명하는 일이었다. 이리하여 베버는 합법적 지배 형태인 '관료제'와 금욕적 직업의식을 가져온 '프로테스탄트의 종교윤리'가 근대자본주의의 성립과 발전에 있어서 없어서는 안 되는 제도적·정신적인 지주가 되었다는 결론을 얻게 되었다.

그리고 이러한 결론을 그대로 뒤집어 놓으면 그것은 곧 고대나 중세의 서양과 그리고 동양에서 어째서 근대화가 이루어지지 않았는가라는 문제에 대한 대답을 가져올 수 있다. 그런데 이때 근대화의 과정을 저해하는 요소로서 베버가 중요시한 것은 그러한 사회의 자연적·지리적인 조건이나 국민성이 아니라, 지배 구조나 종교의식 속에 있는 '전통'적 요소였다. 바로 이 점에서 그의 사회이론이 특색을 나타내고 있다.

그러면 베버는, 특히 우리 동양에서는 어째서 근대화의

과정이 이루어지지 못하였다고 보았는가? 이것은 다음에
검토될 문제이지만 — 종교의식을 중심으로 한 것은 다음
장으로 미루기로 하고 — 여기에서는 우선 지배의 형태에
따르는 동양사회의 전근대적 특징을 알아보기로 한다.

지배

베버가 支配(Herrschaft)라고 부른 것은 그 의미가 반
드시 일정한 것은 아니다. 이 점에 관하여 파슨스는 다음
과 같이 말하고 있다.[1]

"Herrschaft에 해당하는 적당한 영어는 없다. 그러나
티마셰프(N. S. Timascheff)가 그의 法社會學入門(In-
troduction to the Sociology of Law)에서 사용한 '命令
的 統制(imperative control)'라는 말은 베버의 사용법에
가까운 것이 될 것이다. …… 그러나 대개의 경우에 베버
는 주로 '정당한 지배(legitime Herrschaft)'에만 언급하
고 있는데, 이런 경우라면 authority라는 譯語가 정확하
기도 하고 또한 대체로 무난한 것이 될 것이다."

이와 같이 '지배'라는 말은 엄격히 따진다면 의심나는 바
가 없는 것은 아니지만, 그러나 이것을 가장 廣義로 잡아
서 '명령복종의 관계' 또는 '上下관계' 정도로 생각해 두면
좋을 것이다. 물론 보통 상하관계라고 하면, 主從관계, 즉
全人的인 상하관계만을 생각하기 쉽지만, 여기에서 지배라
고 할 때는 반드시 그러한 전인적인 관계에만 국한시킬 필

요는 없다. 그리고 민주국가에서는 국민이 주권자가 되고 관료는 公僕(public servant)에 지나지 않는다고 말하고 있지만, 주인인 국민이 공복의 명령에 복종하는 이상, 역시 국민에 대한 공복의 지배는 있는 것이라고 보지 않으면 안 된다.

그런데 베버는 이러한 의미의 지배 구조를 분석함으로써 근대와 전근대를 구별하는 중요한 표지를 찾으려고 하였다.

㊟
1) Parsons, The Theory of Social and Economic Organization. p.152. foot-note 83.

단체와 지배

우리는 조직을 가진 인간의 집단을 단체(Verband)라고 부른다. 즉 首長이 있고 그리고 이러한 首長의 지휘 밑에서 단체의 일을 맡아 보고 또한 단체의 규율을 유지하는 幹部가 있는 집단을 단체라고 부른다. 이러한 의미에서 국가·학교·학회 등은 모두 단체가 된다. 그리고 단체에 있어서는 수장과 간부는 명령을 내리고 다른 구성원들은 이에 복종한다. 다시 말하면, 수장·간부와 평구성원들 사이에는 지배의 관계가 성립된다.

이러한 의미에서 단체를 관리한다는 것은 즉 지배한다는 것을 의미하게 되고, 따라서 단체는 그 어느 것이든지 항상 지배단체가 된다. 동시에 지배는 항상 단체를 전제로 하게 된다. 물론 深夜의 路上에서 통행인이 강도의 명령에 복종하는 경우에도 지배는 있으나 그것은 예외의 경우이고, 대개의 경우에는 지배는 단체의 내부에서, 그리고 단체의 관리로서 행하여진다.

이와 같이 단체와 지배는 표리일체가 되어 있으므로, 따라서 어떠한 형태의 지배가 행하여지는가는 그러한 단체의 구조를 파악하는 데 있어서 ─ 그리고 더 나아가서는 인간 사회의 근본구조를 파악하는 데 있어서 ─ 중요한 引路者가 될 수 있다.

지배라고 하면 우리는 곧 정치를 연상하기가 쉽다. 그러나 정치는 지배의 한 경우에 지나지 않으며, 그밖에도 얼마든지 지배의 경우를 생각할 수 있다. "어떠한 구체적 내용에도 관계시킴이 없이 가장 일반적으로 '지배'의 개념을 생각한다면, 그것은 사회적 행위에서 가장 중요한 요소의 하나가 된다. 물론 모든 사회적 행위가 지배의 구조를 보여 주는 것은 아니다. 그러나 지배는 거의 모든 종류의 사회적 행위에 있어서 극히 현저한 역할을 담당하고 있다 (W.u.G. 541)."

가령 우리나라에서는 '봉건적'이라는 말을 많이 쓰고 있지만, 그러나 이것은 우리나라의 정치가 봉건적이라는 것보다도 ─ 물론 그러한 경우도 있기는 하지만 ─ 주로 가정·학교·공장·회사·교회 등에서의 사회적 행위가 봉건적이라는 뜻에서 많이 쓰여지는 것이다. 그리고 여기에서 봉건적이라는 것은 '지배'의 하나의 형태를 말하는 것이다. 그러므로 지배는 정치단체에만 특유한 것이 아니라, 모든 단체에서 찾아볼 수 있는 것임을 알 수 있다. 즉 지배에는 몇 개의 형태가 있으며, 이것은 정치단체를 비롯한 모든 종류의 단체의 관리에 침투되어 있음을 알 수 있다. 이리하여 다음에 우리는 지배형태(Typen der Herrschaft)의 문제로 들어가게 된다.

강제와 정당하다는 신념

지배에는 두 가지 계기가 들어 있다. 첫째로, 지배에는 强制(Zwang)가 있다. 복종하지 않는 경우에 가해질 강제로 말미암아 명령에 복종되는 경우가 많이 있기 때문이다. 그러나 그렇다고 해서 강제가 모두 지배인 것은 아니다. 국민이 정부의 명령에 복종하는 것은 반드시 그 강제가 무서워서 하는 것이 아니고, 우리 정부의 명령은 '正當하다는 信念(Legitimitätsglauben)'이 있어서 그러한 신념에서 복종하는 경우가 사실은 더 많이 있는 것이다. 그러므로 지배에는, 둘째로, '정당하다는 신념' 또는 正當性 信念의 계기도 들어 있는 것이다.[1]

그런데 여기에 주의하지 않으면 안 되는 것은, 단체의 구조적 특징은 지배에 있어서의 강제의 계기에서보다도 도리어 服從者측에서 볼 수 있는 정당하다는 신념의 계기에서 더 결정적으로 규정된다는 것이다. 명령이 복종되는 경우에 그 복종의 根底에는 '정당하다는 信念'이 있으며, 그리고 이러한 신념에는 여러 가지 경우가 있는 것이지만, 이때 그 복종자가 어떠한 의미에서 명령을 정당하다고 믿는가에 따라 단체의 管理의 양식과 管理幹部의 성격이 달라지는 것이며, 따라서 단체 그 자체의 구조도 또한 달라지는 것이다.

그러므로 단체의, 따라서 지배의 유형은 오로지 이러한 신념의 종류에 따라 구별될 수 있다. 그리고 이것이 바로 베버가 지배의 형태를 분류함에 있어서 취한 근본 입장이었던 것이다.

㉡

1. W.u.G. 551. Kröner 151. 支配의 형태에 관하여는 베버 자신에 의해 요약된 ≪正當的 支配의 세 개의 純粹型(Die drei reinen Typen der legitimen Herrschaft)≫이라는 아담한 논문이 있다. 그리고 이 논문은 ≪經濟와 社會≫의 제4판 編者에 의하여 551~558쪽에 수록되었고, 또한 크뢰너版에는 151~166쪽에 轉載되어 있다. 또한 이 논문은 Max Weber, Staatssoziologie, herausgegehen von Johannes Winckelmann.(1956)에도 그대로 수록되었다. 支配의 형태에 관한 베버의 이론의 요점은 우리말로 번역하여 15면도 못 되는 이 짧은 논문 하나만으로도 충분히 이해될 수 있지만, 좀더 이 문제를 깊이 알아보려면 역시 그의 ≪經濟와 社會≫를 읽지 않으면 안 될 것이다. 즉 W.u.G. 122~176. (Die Typen der Herrschaft)에는 지배의 형태에 관계된 사회학적 카주이스틱이 전개되어 있고(Parsons, Max Weber : The Theory of Social and Economic Organization. pp. 324~423은 이 부분의 英譯), 그리고 W.u.G. 559~695에는 관료제 · 家父長制 · 家産制 · 家産官僚制 · 封建制 · 카리스마적   지배

등에 관한 철저한 이론이 전개되어 있다. 그중에서 관료제와 카리스마적 지배에 관한 부분은 Gerth and Mills, From Max Weber에 英譯되어 있고, 또한 관료제에 관한 韓泰淵·金南辰 두 분의 韓譯도 있다.

지배의 3형태

이리하여 베버는 '正當하다는 信念'을 따라 지배의 형태를 구별하였는데, 이러한 信念의 意味類型에는 그에 의하면 합법적 지배(legale Herrschaft), 전통적 지배(traditionale H.), 카리스마적 지배(charismatische H.)의 셋이 있다고 한다.

우선 베버 자신의 말을 들어 보기로 하자.

"명령에 권위를 부여하는 원칙에는 셋이 있다. 첫째 경우에는 명령권의 '타당성'은 成文化된 합리적 규칙의 시스템 속에서 公示되는데, 이 시스템의 규칙은 그 규칙에 의하여 자격이 있다고 인정된 자가 복종을 요구하는 한 일반적 구속력을 가진 규범으로서 준수되는 것이다. 이때 그 명령권을 담당하는 개개인은 이러한 합리적 규칙의 시스템을 통하여 권한이 주어져 있으며, 그의 권력은 그것의 집행이 이러한 규칙을 따라 행하여지는 한에 있어서 정당한(legitim) 것이 된다. 복종은 규칙에 대하여 행하여지는 것이며, 사람에 대하여 행하여지는 것은 아니다. 둘째 경우에는, 명령권이 타당한 근거는 사람의 권위(persönliche Autorität)에 있다. 그리고 이러한 권위는 그 기초를 전통은 신성하다는 신념(Heiligkeit der Tradition, also des Gewohnten, immerso Gewesen)에 두고 있는데, 바로 이러한 신념이 특정인에 대한 복종을 명하는 것이다. 셋째 경우에는, 명령권이 타당한 근거는 이 세상의 것이 아니라고 생각되는 것에 대한 獻身(Hingabe an die Ausserordentliche), 다시 말하면 카리스마(Charisma) ― 즉 각종 구세주, 예언자 또는 영웅이 지니고 있는 현실적 啓示라든가 恩寵施與(Gnadengabe)―에 대한 신앙에 두고 있다. 그런데 이러한 세 경우에 맞추어 지배 구조의 세 개의 '순수한' 기본형을 생각할 수 있는데, 역사적 현실 속에서 나타나는 지배의 여러 가지 형태는 이러한 세 개의 純型이 결합·혼합·침투 또는 재구성된 것으로 나타나는 것이다(W.u.G. 549~550)."

그리고 이러한 지배의 형태로서 다음과 같은 세 가지를 들 수 있는데, 그 하나는 '법규에 의한 합법적 지배이고, 관료제 지배는 그 가장 순수한 형태이며(W.u.G. 551, Kröner 151)' 두 번째는 '옛날부터 있어 온 질서와 지배 권력이 신성하다는 신념에 따르는 전통적 지배이고, 家父長支配는 그 가장 순수한 형태이며(W.u.G. 552, Kröner 154)' 끝으로 세 번째는 '주인의 인격과 그의 恩寵施與(카리스마), 특히 주술적인 능력이나 계시 또는 영웅적 행위, 정신력과 辯舌力에 대한 情動的인 歸依에 의한 카리스마적 지배(W.u.G. 555, Kröner 159)'이다.

다음에는 이러한 지배의 三純型을 차례로 고찰해 볼 것
이지만, 이 문제에 관하여 특히 우리가 관심을 가지는 것
은 동양사회에 대한 베버의 견해가 어떠하였는가에 있는
것이므로, '전통적 지배'에 관한 그의 이론에 자연히 우리
의 관심은 더 쏠리게 되는 것이다.

제2절 합법적 지배-관료제

합법적 지배

법규에 의한 지배를 합법적 지배라 한다. 그리고 관료적 지배는 그 순수한 형태가 된다.

합법적 지배에 있어서는 사람이 사람을 지배하는 것이 아니라, 법이 사람을 지배한다. 영국에서 말하는 '법의 支配(rule of law)'라든가 독일어의 법치국가(Rechtsstaat)라는 말들은 이러한 것을 의미한다. 그리고 이때의 이 법은 임의로 만들어질 수도 있고, 또한 필요에 따라 마음대로 고칠 수도 있는 것이 원칙이다.

합법적 지배는 근대의 국가나 자치단체에서 전형적으로 나타나 있지만, 그러나 그밖에도 근대의 자본주의 경영이나 기타에 있어서와 같이 계층적으로 편성된 수많은 行政幹部가 조직적으로 활동하는 곳에서는 어디서든지 합법적 지배가 있다고 볼 수 있다.

근대의 정치단체는 다만 이러한 형태의 지배 밑에 있는 대표적인 것이 될 뿐이다. 그리고 이와 같이 그 지배가 公法的 지배로서 나타날 때는 이것을 '官廳(Behörde)'이라고 부르고, 그것이 私經濟的 지배로서 나타날 때는 이것을 '經營(Betrieb)'이라고 부른다.

私的인 자본주의 경영에 있어서는 일면 自律的(auto-nom)[1]이기도 하지만 다른 면에 있어서는 他律的(hete-ronom)이기도 하다. 그리고 그 首長과 幹部의 임명은 他首的(heterokephal)일 수도 있지만, 자본주의 경영의 관리조직이 관료제적인 색채를 띠면 띨수록 그것은 自首的(autokephal)인 것이 된다.

�℞
1. 團體의 질서가 외부로부터 제정되는 것을 타율적이라고 하고, 그 렇지 않은 것을 自律的이라 한다. 그리고 團體의 首長이나 幹部의 任免이 단체 내부에서 행하여지는 것을 自首的이라 하고 외부에서 임면되는 것을 他首的이라 한다. 국영기업체의 長의 임명은 他首 的이지만, 個人商社의 長은 自首的이라는 것과 같다. 베버의 독특 한 用語使用法이다. W.u.G.26f.

합법적 지배와 관료제 지배

이미 말한 바와 같이, 관료제 지배는 합법적 지배의 순수한 형태가 된다. 관료제 지배의 특징을 알아보기 전에 먼저 주의해야 할 것은 관료제 지배 외에도 여러 종류의 합법적 지배가 있다는 것이다. 국회나 위원회의 행정이라든가 기타 合議制的으로 되어 있는 모든 종류의 지배단체의 행정에 있어서, 그 권한이 成文法規를 따라 분배되고, 그리고 지배권의 행사가 합법적인 행정의 형태에 대응할 때는, 그것은 합법적 지배가 되는 것이다.

그리고 또 하나 주의해야 할 것은, 관료제는 물론 합법적 지배의 기술상 가장 순수한 형태에 속하지만, 현실에서

우리가 볼 수 있는 지배로서 이러한 관료제의 원리에 완전
히 들어맞는 것은 하나도 없다는 것이다. 특히 인적 구성
에 있어서 비관료제적인 면을 많이 볼 수 있는데, 가령 정
치단체의 최고의 인물은 — 세습 카리스마적 지배자인 —
'군주'가 되기도 하고, 또는 국민에 의하여 선출된 — 따라
서 인민투표적·카리스마적 首長인 — 대통령이 되기도 하
고, 또는 의회주의적 단체에 의하여 선출되기도 한다. 뿐
만 아니라 사실상의 지배자가 누구인가를 찾아본다면, 엉
뚱하게도 국회나 정당 안에 있는 카리스마적인 지배자라든
가 또는 어떤 문벌적인 지도자가 눈에 뜨일 때도 많이 있
다. 그러므로 실제에 있어서는 순수하게 관료제적으로, 계
약에 의하여 임명된 관료만에 의하여 운영되는 일은 거의
없다고 볼 수 있다.

관료제의 특징

근대의 관료제를 그 기능의 면에서 본다면 다음과 같은
특징이 있음을 알 수 있다(W.u.G.559f).

1. 權限(Kompetenz)의 원칙. 관료제에 있어서는 —
합법적 지배의 일반원칙을 따라 — 사람에 대한 복종이 있
는 것이 아니라 成文化된 규칙에 대한 복종이 있을 뿐이
다. 이때의 成文規則은 누구에 대하여 어느 정도까지 복종
해야 하는가를 정한다. 그리고 명령자 자신도 그가 명령을
할 때는 이 규칙에 따르지 않으면 안 되도록 되어 있다.

그런데 이러한 규칙이 우선 정해야 하는 것은 ① 단체의 목적을 수행하기 위하여 필요한 활동이 직무상의 의무로서 그 속에서 분배되어야 한다는 것 ② 이러한 의무수행에 필요한 명령권력과 불복종의 경우에 가하여질 강제수단이 엄격하게 분배되고 또한 제한되어 있어야 한다는 것 ③ 이러한 의무를 수행하고 권리를 행사하는 인적 담당자로서의 官吏의 임명에 관한 규정을 두어야 한다는 것이다. 이리하여 '權限'의 원칙이 생겨난 것인데, '명확한 권한을 가진 계속적인 관청'은 정치적 영역에서는 근대국가에서, 그리고 私經濟의 영역에서는 근대자본주의 경제조직에서 비로소 완전한 발전을 이룩하게 되었던 것이다.

2. 職務體統(Amtshierarchie)과 審廳順序(Instanzenzug)의 원칙. 즉 상급관청에서 하급관청을 감독한다는 형식으로 관청 상호간에 上位·下位의 체계가 성립되어 있고, 이 체계를 피지배자의 각도에서 본다면, 그것은 일정한 방법으로 하급관청에서부터 시작하여 상급관청(Oberinstanz)으로 訴願 또는 訴訟을 제기할 수 있도록 되어 있음을 말해 주고 있다. 그리고 이러한 유형이 완전히 발달되면 그 직무체통은 單一支配的(monokratisch)인 것이 된다. 그리고 이러한 원칙은 국가나 교회에서 뿐만 아니라 大政黨 組織이나 私的 대경영에서도 또한 볼 수 있다.

3. 職務執行에 있어서의 公私의 구별. 근대적 관료제에

있어서의 직무수행은 원안 또는 초안의 형식으로 보존되는 문서에 의하여 행하여지고, 그 담당자는 모든 종류의 하급 관리나 서기로서 구성되는 幹部(Stab)이다. 관청에서 근무하는 관리의 總體는 什器, 기타의 설비와 함께 廳舍(Büro) — 또는 私經營에서는 事務所(Kontor) — 를 이룬다. 그리고 근대적 관청조직에 있어서는 청사(사무소)는 私宅으로부터 분리된다. 동시에 이와 같은 公私의 구별은 공적 경영에서 뿐만이 아니라 私的 經營에서도 볼 수 있으며, 특히 후자의 경우에 있어서는 지도적 기업가 자신에게까지 그러한 분리의 원칙이 침투되게 되었다. 이리하여 사무소와 家計, 영업상의 통신과 私信, 업무상의 資産과 개인의 자산은 원리적으로 구별되며, 이것은 업무운영이 근대적으로 실시될수록 더욱더 엄격해지는 것이다.

4. 전문적 훈련. 경영 내에서의 직무활동이 전문적으로 분화되면 될수록 거기에는 더욱 더 철저한 전문적 훈련이 필요하게 된다. 이것은 국가의 官吏에 있어서 뿐만 아니라 私經濟的 경영의 근대적 지배인이나 직원에 있어서도 점점 그렇게 되어갔다. 따라서 그들 官吏나 직원은 직무집행에 있어서 따르지 않으면 안 되는 일반적인 규칙을 학습해야 하는 것인데, 이렇게 생겨난 것이 법학·행정학·경영학 등이 있으며, 그들은 이러한 것에 관한 지식을 습득하기 위하여 전문적인 훈련을 받지 않으면 안 되는 것이다.

5. 兼職禁止. 완전히 발달된 관료제적 조직에 있어서는

직무상의 활동을 위하여 관리의 전노동력이 요구된다. 그
리고 이것은 청사 내에서 관리의 근무시간이 일정하다고
해서 영향을 받지 않는다. 다시 말하면, 전근대사회에서
많이 본 바와 같은, '兼職的으로' 업무에 종사하는 것이 금
지되는 것이다.

6. 官吏의 地位. 官吏는 앞에서도 말한 바와 같이 전문
적인 훈련을 받은 전문관료인데, 그 고용관계는 계약에 의
하는 것이 원칙이다. 그리고 관리의 임명은 상위의 審廳에
서 행하며, 이때 관리는 봉급과 연금을 받을 수 있지만 그
액수는 일의 양을 표준으로 하는 것이 아니라 官等에 따라
差等이 주어지는 것이다. 또한 관리의 地位는 원칙에 있어
서 終身制로 되어 있으며, 그 동안에 관리는 일정한 체통
적 질서를 따라 하급의 지위에서 상급의 지위에 승진하는
것을 유일한 출세의 목표로 삼고 있다.

7. 沒主觀的인 職業勞動. 관료의 행정은 몰주관적(sa-
chlich)인 직무노동이다. 관직은 天職이다(Das Amt ist
Beruf.). 그러므로 여기에서는, '瞋恚도 偏頗도 없이(sine
ira et studio)' 개인적인 동기나 감정적인 영향을 일체
빼버리고, 자의라든가 계산 불가능성의 구속을 받지 않고,
특히 '一視同人(ohne Ansehen der Person)'하게 합리적
인 규칙을 따라 엄격하게 형식주의적으로, 다시 말하면 몰
주관인 合目的性의 견지에서 사무를 처리해 나가는 것을
행정의 이상으로 삼게 되는 것이다.

제3절 전통적 지배

봉건적이라는 것

우리는 전근대사회를 말할 때 흔히 그것을 '봉건적(feu-dal)'이라고 부르고 있다. 우리나라의 어른들이 삼강오륜을 말하면 으레 젊은 청년층에서는 그것을 '케케묵은 봉건적인 말'이라고 비웃는다. 그러나 이와 같이 전근대적인 것을 일률적으로 봉건적인 것으로 단정해 버리는 것은 옳지 못하다. 우리나라의 과거에 과연 봉건제도가 실시된 일이 있었는가에 관하여는 한때 논쟁이 없었던 것은 아니지만, 하여튼 西洋 中世에 본 바와 같은 봉건제도라든가 일본이 근대화되기 전까지 가지고 있던 봉건제도가 우리나라에 없었던 것만은 부인할 수가 없다. 우리가 동양과 서양에서 고대와 중세에 볼 수 있는 사회구조, 국가형태, 노동편제, 문화형태는 참으로 다양하기 때문에 그것들을 모두 봉건적이라는 한마디 말로써 표현하는 것은 온당치 못한 것이다.

그렇기 때문에 베버는 미리 가능한 요소적인 이념형을 망라적으로(카주이스틱슈하게) 설정해 놓고 사회 내부에서 이러한 요소적 이념형이 推移하는 법칙과, 그리고 각 이념형 사이의 親和·排斥의 관계를 생각해 봄으로써, 일정한 역사적·사회적 실재를 이해하려고 하였다. 그 결과 우리는 동양과 중동과 서양의 고대와 중세에 있어서의 사회형태가 참으로 복잡하다는 것을 알 수 있다. 그러면 베버가 전근대사회를 이해하기 위하여 소위 전통적 지배 밑에 예속시킨 각종 要素型은 어떠한 것이었던가. 이것을 다음에 알아보기로 하자.

전통적 지배

전통적 지배는 '이전부터 있어 온 질서와 지배권력이 신성하다는 信念'을 근거로 한 지배를 말한다. 그리고 이러한 형태의 지배가 행하여지는 단체는 '情으로 뭉쳐진 단체(Vergemeinschaftung)'이다. 지배인 이상 명령자와 복종자가 있고, 그리고 한쪽의 명령에 대하여 다른쪽의 복종이 있어야 하는 것이지만, 이때의 복종이 전통을 신성시하는 데서 생겨났을 때에는 그 한도 안에서 그것은 전통적 지배가 된다. 그리고 이러한 전통적 지배의 특징은 '경건한 마음(피에테트, Pietät)'을 가지고 복종한다는 것이다.

전통적 지배에 있어서는, 명령하는 자는 '首長'·'主人(Herr)'이 되고, 복종하는 자들은 '臣民'·'百姓(Untertanen)'이 되며, 행정간부는 '臣僚(Diener)'가 된다.

그러므로 전통적 지배에 있어서는 두 가지 종류의 '피에테트'가 있음을 인정할 수 있다. 즉 이 지배에서는 한편으로 전통을 신성시하는 마음이 있는 동시에 다른 한편으로는 개인으로서의 명령자가 또한 신성시되고 있으며, 명령자에 대한 인격적 · 전인적 · 情誼的인 — persönlich한 —
복종이 행하여진다. 그러므로 여기에는 전통에 대한 '피에
테트'와 주인의 인격에 대한 '피에테트'의 두 가지가 포함된
다. 그리고 지배가 순수하게 이러한 두 가지의 契機만으로
구성될 때 우리는 그것을 家父長制(Patriarchalismus)라
고 부른다. 다시 말하면 전통적 지배의 순수형은 가부장제
인 것이다.

어째서 이것을 가부장제라고 부르는가? 家族共同體
(Hausgemeinschaft) 안에서 볼 수 있는 孝悌, 즉 親에
대한 복종 속에서 우리는 명령자의 인격에 대한 무조건적
인 헌신의 태도를 가장 뚜렷하게 볼 수 있다. 베버는 이것
이야말로 家 이외의 수다한 공동체의 기초가 되는 것이라
고 생각하였기 때문이다.

그러나 가부장제는 전통적 지배의 전부는 아니다. 전근
대사회에는 소위 문벌(명망가, Honoratiore)이라는 것이
있어서, 그들은 재산 · 교양 · 생활태도 등이 특수하여 일정
한 범위 내의 사회에서 명망을 가지고 있으며, 이러한 명
망에 따르는 권위로 인해 그들의 명령에 사람들이 복종하
는 경우가 있는데, 이러한 문벌지배(명망가 지배, Hono-
ratiorenherrschaft)도 전통적 지배의 하나가 된다.

그런데 가부장제는 또다시 두 가지로 구별된다. 그 하나
는 명령자와 복종자 사이에 주종관계는 성립되어 있지 않
고 그들은 다 같은 同輩(Genossen)들이지만, 首長은 다

만 同輩 중에서 首席(primus inter pares)인 자로서 그
러한 한도 내에서만 지배권을 가지는 경우인데, 베버는 이
것을 제1차적 가부장제(primärer Patriarchalismus)라
고 불렀다. 두 번째는 家産制(Patrimonialismus)이다.
이것은 또다시 身分的 家産制(신분적 지배)와 家産官僚制
(즉 관료제적 가산제)로 구별되지만 이에 관하여는 項을
바꾸어 설명할 것이다.

전통적 지배에서 명령의 내용은 전통의 구속을 받는다.
따라서 주인이 함부로 전통을 무시하는 경우에는 그의 지
배권이 가지는 정당성 자체가 무너지기 쉽다. 옛날 왕조에
서 개국 초부터 先王들에 의하여 지켜 내려온 전통이나 先
例가 얼마나 절대적인 권위를 가지고 왕의 행동을 지배해
왔던가를 생각한다면, 이 점을 이해할 수 있을 것이다.

이와 같이 주인의 지배는 오로지 신성시되는 전통에만
얽매여져 있으므로 이러한 전통의 규범에 배반하는 법을
새로이 만들어 낸다는 것은 ― 원칙적으로 ― 불가능한 일
이다. 그런데 이러한 '전통의 규범'의 圈外에서 주인의 지
배는 다만 극도로 융통성 있는 衡平感에 의하여 제한을 받
을 뿐이지, 실제에 있어서는 거의 아무런 구속도 받지 않
는다고 볼 수 있다. 그리고 이때에는 주인은 자기 마음대
로 기분이 돌아가는 대로, 그리고 아주 개인적인 견지에서
특히 개인적인 好惡의 감정을 따라 무엇이든지 할 수 있도
록 되어 있다.

그러므로 전통적 지배에 있어서는 ① 傳統에 엄격하게 얽매여진 영역과 ② 주인이 마음대로 할 수 있는 영역의 두 가지가 있음을 알 수 있다.

이러한 것은 주인의 밑에 있는 행정간부에게도 그대로 들어맞는다. 행정간부에게는 세 가지를 구별할 수 있는데, ① 주인에게 개인적으로 예속되어 있는 사람들이고(家의 소속원 Hausgehörige 또는 家臣 Hausbeamte) ② 주인의 近親緣者 또는 개인적인 친분을 가진 사람들이며(寵臣 Günstling) ③ 주인에 대하여 개인적으로 충성을 서약한 사람들이다(從臣 Vasallen, 공납의무를 가진 제후 Tributärfursten).

그리고 이러한 행정간부들 사이에는 — 관료제에서 본 바와 같은 — 몰주관적으로 구분된 '권한'이라는 관념은 존재하지 않는다. 각 臣僚들의 '정당한' 명령권력의 범위는 주인의 재량에 달려 있으며, 이때 행정간부의 관계를 지배하는 것은 그들의 직무의 범위가 어디까지인가가 아니라, 그들이 臣僚로서 개인적으로 얼마만큼 충성스러운가에 달려 있다. 그런데 이러한 행정간부의 지위는 순수하게 가부장제적인 경우와 신분적 지배의 경우에 따라 그 내용을 달리한다(이하는 W.u.G. 553. Kröner 155~156에 의하였음). ① 순수하게 가부장제적인 경우에는 臣僚는 완전히 개인적으로 주인에게 예속되어 있으며(노예, 隸農, 宦官 Eunuchen, 寵臣, 平民 Plebejer) 그들의 행정은 전적으

로 타율적이고, 또한 他首的이다. 행정을 맡아보는 사람은
그의 관직에 대하여 아무런 개인적 권리도 가지고 있지 않
으며, 물적 행정수단은 그 어느 것이든지 주인을 위하여,
그리고 주인에 의하여 관리되고 통제된다. 또한 주인이 아
무리 恣意와 횡포를 마음대로 한다고 할지라도 이에 대한
臣僚側의 보장은 하나도 없다. 즉 이때의 首長의 恣意의
범위는 가장 넓은 것인데, 소위 '술탄制的 支配(die sul-
tanische Herrschaft)'라는 것은 이러한 지배의 가장 순
수한 형태가 된다. 또한 '專制政治(Despotien)'라고 부르
는 것은 대개 이러한 성격을 가지게 된다.

② 신분적 지배의 경우에 臣僚는 주인에 대한 개인적인
家臣이 아니라, 자신의 고유한 지위로 인해 사회적으로 탁
월하다고 지목되는 독립인들이다. 그들은 자신의 특권이라
든가 首長의 형식적인 인가를 통하여 관직에 '封하여진' 사
람이기도 하고 또는 매수·담보·賃借 등의 법률행위를 통
하여 관직을 '專有'하고 있는 사람이기도 하기 때문에, 그
들은 자신의 관직에 대하여 이것을 임의로 뺏을 수 없는
개인적 권리를 가지고 있다. 그러므로 그들의 행정은 비록
제한되어 있다고는 할지라도 자율적이고 또한 自首的인 것
이다. 그리고 물적 행정수단은 首長의 손에 있는 것이 아
니라 그들의 수중에 있다. 또한 일정한 '權限'이라는 것은
없으나, 관직보유자들 사이의 세력다툼이라든가 전통·특
권·충성관계·신분적 명예 등이 실제적으로 권력의 범위

를 정하고 있다.

가부장제

家父長制는 다음과 같은 두 가지로 구별된다. 그 하나는
베버가 제1차적 가부장제라고 부르는 것인데, 여기에서도
首長의 명령은 복종되고 있지만, 주종관계는 없고 수장은
다만 '同輩 중의 首席(primus inter pares)'에 지나지 않
으며, 수장이나 성원이 모두 다 같은 同輩(Genossen)로
서 머물러 있는 경우이다. 그러므로 수장은 어디까지나 게
노센의 한 사람으로서 행동하며, 따라서 그의 지배권도 역
시 게노센으로서 가지는 권리에 지나지 않는 것이 된다.

다른 하나는 역시 베버가 家産制(Patrimonialismus)
라고 부르는 것이다. 정치학에서는 할러(Haller, Res-
tauration der Staatswissenschaften, 1820 — cf.
W.u.G.137) 이후 家産國家(Patrimonialstaat)라는 말
이 사용되고 있지만, 이것은 국가가 군주의 개인재산과
비슷하게 취급되는 나라를 말한다. 따라서 여기에서는 통
치권과 소유권의 구별, 또는 公法과 私法의 구별은 인정되
지 않으며, 군주가 군주로서 가지는 지배권이나 영주권이
마치 그의 私的 權利인 것처럼 취급된다. 그런데 베버는
할러의 이러한 관념을 일종의 지배형태의 개념으로서 일반
화하고, 그것을 전통적 지배의 家父長制 밑에 예속시키기
로 하였던 것이다. 그러면 家産制란 어떤 것인가? 이것은

다음에 설명할 제1차적 家父長制[1]와의 비교를 통하여 자연히 명백해질 될 것이다.

㊟
1. 青山秀夫 ≪マックス ウエ-バ-の社會理論≫ 163쪽 이하는, 제1차적 家(父)長制와 長老制(Gerontokratie)를 같은 것으로 보았다. 베버 자신이 이것을 같은 것으로 보았다는 것이다. 그러나 W.u. G.133.(§7a. 1)에 의하면 그는 이것을 확실히 구별하고 있다. 이 둘이 같이 결합되는 경우가 많이 있지만, 개념상으로 이 둘은 구별되어야 한다는 것이다. 즉 同輩 중에서 가장 연장자 또는 신성한 전통을 가장 많이 알고 있는 자가 지배권을 가지는 경우를 長老制라 하고, 주로 경제적 또는 가족적으로 보아 제1차적 위치에 있는 사람이 지배권을 가지는 경우를 제1차적 家父長制라고 한 것이다.

제1차적 家父長制와 家産制는 다 같이 가부장제에 속해 있으면서도 다음과 같은 몇 가지 점에서 구별된다(W.u. G.133f).

① 首長의 地位

제1차적 가부장제에 있어서는 首長의 권리는 同輩로서 가지는 권리에 지나지 않으며, 수장은 다만 '同輩 중의 首席'으로서 명령할 뿐이다. 이에 대하여 家産制에 있어서는 ― 중세의 국가에서 흔히 보는 바와 같이 ― 수장의 명령권 내지 지배권은 수장의 강대한 私權이 되어 있다. 그러므로 여기에서의 首長은 게노센의 한 사람이 아니라 주인 내지 領主(Herr)이며, 따라서 다른 멤버들은 역시 게노센이 아니라 家臣 또는 臣民(Untertan)이 되는 것이다.

② 管理幹部의 有無

제1차적 家父長制에 있어서는 首長이 있으면 그만이고, 管理幹部(Verwaltungsstab)는 필요치 않다. 首長은 지배권을 私的 權利로서 확보하고 또한 이것을 확장하고 강화하려고 하므로 이러한 목적을 달성하기 위하여 반드시 人的 機構와 물적 수단이 필요하게 되는 것이다. 이때의 인적 기구로 단체의 관리간부가 이용된다. 그리고 그중에는 행정과 사법에 관한 文臣도 중요하지만, 특히 중요시되는 것은 軍隊이며 武臣이다. 중세 왕조국가의 군주가 이러한 家産的 首長으로서 문무백관을 거느리고 위풍당당하게 그들을 家産的으로 지배하면서 더욱더 그의 권력의 확대와 강화를 노리고 있었다는 것은 우리가 이미 다 아는 사실이다.

③ 物的 手段의 專有狀態

제1차적 가부장제에 있어서는 단체를 관리하고 질서를 유지하기 위한 물적 수단은 단체 자체가 이것을 專有(Appropriation)하든가 또는 개개의 성원이 이것을 專有할 뿐이고, 首長이 별도로 이것을 專有하는 일은 없다. 이에 대하여 家産制에 있어서는 단체의 관리를 위한 물적 수단은 家産的 首長에 의하여 專有된다.[1]

㊟
1. 家産領主의 財産, 즉 領主財産(Herreneigentum)의 성립과정에 관하여는 베버 자신이 이것을 그의 ≪經濟史≫에서 類型學的으로 요약한 것이 있다. WG. 3. Aufl. 1958. 59～70. 趙璣濬 譯 90

쪽 이하.

가산제의 2종

家産國家의 군주는 그가 지배하는 인적 기구와 물적 수단을 기초로 강대한 그의 권력을 확립해 보려고 한다. 이리하여 가산국가는 더욱더 확장되고 강화되어 가지만, 이에 따라 필연적으로 관리간부의 세력도 또한 그만큼 커지지 않을 수 없게 된다. 그리고 이렇게 되면 당연히 여기에 중앙집권적으로 가산군주의 권력을 강화하려는 움직임과 반대로 지방분권적으로 관리간부의 권익을 확장하고 고정시키려는 움직임의 대립을 보게 된다.

이리하여 여기에 집권적 경향의 극단에서 나타나는 형태와 분권적 경향의 극단에서 나타나는 형태를 유형적으로 구별할 수 있게 되는데, 베버는 전자를 가산관료제(bürokratischer Patrimonialismus), 후자를 신분적 가산제(ständischer Patrimonialismus, od. ständische Herrschaft)라고 불렀다. 그리고 서양 중세에서 볼 수 있는 봉건제(Lehenswesen)는 서양식으로 특유하게 발달된 이 신분적 지배를 말한다.

우리가 서양의 중세에서 실제로 볼 수 있는 국가는 이러한 분권적인 신분적 가산제와 집권적인 가산관료제의 중간 형태를 취하고 있는 국가들이었다. 국왕 또는 황제는 가산관료제를 좋아할 것이지만 地方官이나 武臣은 반대로 그들

의 세력을 지방에 토착시킬 수 있는 신분적 지배를 원하였
을 것이다.

그리고 이와 같은 대립과 항쟁이 어떻게 귀결되는가는
그때의 역사적 사정에 따를 것이겠지만, 서양 중세에 있어
서 우리가 볼 수 있는 초기의 봉건국가(Lehenstaat)는
서양 특유의 사정을 내포하고 있는 신분적 지배의 대표가
되는 것이며, 중세 말기로부터 근세에 걸쳐서 나타난 소위
절대적 군주제(Absolutismus)는 가산관료제의 현저한
예라고 볼 수 있다. 그런데 중국이나 우리나라, 그리고 이
집트 등에서 옛날에 볼 수 있는 지배형태는 — 근대화의
계기를 가지지 않은 — 거의 순수한 가산관료제였다고 생
각된다.

다음에 우리는 서양식 신분적 지배인 봉건제와 동양사
회에서 널리 볼 수 있는 가산관료제의 두 가지를 전통적
지배의 대표로서 지목하고 그것들에 대한 좀더 자세한 연
구를 해보기로 하자.

베버는 일본의 봉건제를 Pfründe-Feudalismus라고 하
여 서양의 봉건제와 구별하였다. 다음 절에서 설명하겠다.

제4장 근대와 전근대   161

제4절 봉건제

가산관리의 급양

家産國家에 있어서 文臣이든 武臣이든 그 관리가 급양되는 태양에는 여러 가지가 있을 수 있다. 이제 베버를 따라 그러한 태양의 가능한 이념형을 정리해 보면 다음과 같다(W.u.G. 136.§8).

① 신하가 主君의 옆에 있으면서 主君과 起居 飲食을 같이 하는 경우 — 베버에 의하면 원시사회의 '멘너하우스(Männerhaus)' 또는 '멘너분트(Männerbund)'가 이에 해당한다.

② 主君의 창고로부터 下賜物(Deputat, allowance 대개는 現物)로서 給養이 부여되는 경우

③ 근무지(Dienstland)가 부여되는 경우

④ 신하가 地代 手數料 또는 租稅의 수입에 관한 權益(Chance)을 專有하는 경우

⑤ 서양 중세의 봉건제도에서 보는 바와 같은 '레엔(Lehen, fief)'을 수여하는 경우

이상 다섯 가지 경우가 있는데, 서양의 중세 봉건제도는 그 내용이 특수하여 ⑤의 경우만을 가리키고, 동양 특히 일본에서 볼 수 있는 봉건제도는 ②, ③, ④ 셋 중의 하나

에 해당하는 경우만을 가리킨다. 그리고 이와 같이 ②, ③, ④에 해당하는 급양을 베버는 '프륀데(Pfründe, benefices)'라고 부르고 있으므로, 그에 의하면 봉건제에는 레엔 봉건제(Lehenswesen od. Lehensfeudalismus)와 프륀데 봉건제(Pfründenfeudalismus)가 있다(W.u.G.148. §12b). 이제 이러한 두 가지의 봉건제를 차례로 알아보기로 하자.

레엔 봉건제

베버는 레엔의 특징으로서 다음과 같은 것을 들고 있다 (W.u.G.148f. 12b. AA.).

① 레엔은 從臣(Vasall)이 主君에 대하여 주로 軍務에 종사하는 것에 대한 代價로서, 主君으로부터 從臣에게 토지의 用益權이라든가 정치적인 封土支配權, 기타의 권리를 授封(Verleihung)의 형식으로 수여된 것을 말한다.

② 레엔의 관계는 제1차적으로 순수하게 인격적인(rein personal), 즉 一身專屬的 관계로서 성립된다. 따라서 이 관계는 授封者인 主君과 受封者인 從臣과의 사이에 그들의 일생 동안만 성립된다.

③ 레엔의 관계는 계약(Kontrakt)에 의하여 성립된다. 그리고 이 계약은 자유로운 남자에 의하여 자발적인 意思로써 맺어진다.

④ 그들 사이에는 또한 독특한 신분적·騎士的인 생활

태도(ständische, ritterliche Lebensführung)를 유지
할 것이 요청된다.

⑤ 그리고 授受契約은 결코 영리적 관심에 따라 행하여
지는 타산적 계약이 아니라 자발적 서약을 따라 상하관계에
서 맺어지는 혈맹적 단결(Verbrüderung)이다. 동시에 이
러한 계약의 결과로서 상호간에 信義誠實의 의무(Treup-
flicht)가 생겨나지만, 이 의무는 신분적·기사적인 명예의
존중에 입각해 있고, 범위는 엄격하게 제한되어 있다.

이것이 순수한 이념형으로서 정리된 '레엔'의 특징이다.
그러나 이러한 특징에 거의 들어맞는 레엔 봉건제는 서양
의 중세에서만 찾아볼 수가 있을 뿐이다. 그리고 그밖의
지역에서 우리가 봉건제라고 부르는 것은 다음에 설명할
프륀데 봉건제뿐이다.

프륀데 봉건제

主君으로부터 下賜物이 부여되는 경우나 근무지가 부여
되는 경우, 또는 地代 수수료 또는 租稅에 관한 특수한 '찬
스'가 專有되는 경우에 '프륀데'가 인정된다는 것은 이미 말
하였다. 그리고 여기에서는 '레엔' 관계의 특징으로서 우리
가 인정한 것은 하나도 찾아볼 수가 없다. 즉 프륀데는 대
등한 인격자 사이의 자유로운 계약관계로 생겨나는 것이
아니라, 대개는 일정한 관직에 부대하여 전유되는 것이며,
따라서 원칙에 있어서 그것 자체는 세습적이 아니고 관직

이 세습됨에 따라 함께 전하여질 뿐이다. 또한 레엔 受封者는 그가 전유하는 영토권을 개인적 권리로서 행사할 수 있지만, 프륀데 취득자와 主君 사이에는 家産的 隷屬關係가 아직 남아 있으므로 프륀데 취득자는 일정한 관직에 있음으로써 그것을 이용하고 향유할 수 있을 뿐이다. 그리고 '레엔' 受封者는 그의 수입을 전적으로 私有할 수 있지만, 프륀데 취득자는 그 일부를 主君에게 공납하지 않으면 안 된다.

家産國家가 광범위한 지역 내에서 계속적으로 중앙집권을 유지한다는 것은 사실상 불가능한 일이다. 근대적인 관료제의 기구를 가지지 못한 전근대적 국가에서 광범위하게 중앙집권을 유지한다는 것은 — 왕조의 始祖에서 보는 바와 같은 — 英主의 경우에는 몰라도, 그렇지 않은 경우에는 심히 곤란한 일이다. 그래서 비록 민족과 시대에 따라 정도의 차이는 있을지언정 왕조의 중앙집권력은 약화되고, 반대로 신하의 세력욕과 물질적 관심은 강화되어 분권화의 경향이 나타나게 된다.

물론 우리가 특히 중국의 역대 왕조에서 보는 바와 같이 이때의 전근대적 왕조는 이러한 분권화 경향에 대하여 항상 경계를 게을리하지 않았지만, 그것이 전근대적 관료기구에 의존해 있는 이상 이러한 경향을 완전히 봉쇄할 수는 없는 것이다. 그리고 이때 특히 중요한 의의를 가지는 것은 재정의 문제이다.

근대국가는 합리적이고 체계적인 예산을 편성하고 그것에 의하여 국가의 활동을 계획적으로 운영할 수 있다. 그러나 합리적인 징세와 財政의 기구를 가지지 못한 전근대국가는 보통의 수단으로는 안정되고 지속적인 수입을 기대할 수가 없었다. 그래서 거의 전부의 전근대국가에서 공통적으로 인정할 수 있는 독특한 수단이 생겨났는데, 그것은 즉 租稅請負(Steuerpacht)였다. 이것은 일정한 관리 또는 私人에게 징세권을 이양하고, 그들이 제공하는 화폐나 (또는 경우에 따라서는) 兵士를 받아들임으로써 지속적인 국가활동을 가능하게 하려는 제도인데, 이것으로써 국가는 일정한 수입을 확보할 수 있었다. 그리고 이때 그러한 조세의 청부를 받은 자는, 그가 일정한 지역으로부터 거두어들이는 수납과 국가에 제공하는 지출의 차액을 '프륀데'로서 착복할 수 있었다. 전근대국가는 이와 같이 그 수입의 불안정으로부터 오는 위험을 관리 또는 私人에게 전가시키지 않을 수가 없었는데, 전근대국가의 이러한 약점은 분권화를 노리는 臣下들에게는 가장 좋은 기회를 제공해 주는 것이 되었다.

뿐만 아니라 왕조측의 재정이 궁해지면 경우에 따라 징세권 이상의 것을, 예를 들면 일정한 지역의 행정권 같은 것까지 신하에게 주는 일도 생겨났다. 이러한 경향이 더욱 助長되자 드디어 광범위한 領主權을 가지는 莊園領主 (Grundherr)의 성립을 보게 되었다. 프륀데 봉건제는 이렇게 생겨난 것이다.

일반적으로 봉건제라고 하면 武臣에게 토지소유와 영주권을 부여하는 것을 의미하지만 이러한 봉건제가 위에서 말한 바와 같이 主君側의 재정상의 필요와 家臣側의 물질적 관심 및 세력욕으로 말미암아 생겨났을 때, 베버는 이것을 프륀데 봉건제라고 불렀던 것이다.

제5절 가산관료제

봉건제의 가산관료제

베버는 봉건제를 두 가지로 구별하여 '레엔' 봉건제와 '프륀데' 봉건제로 나누었으나, 그는 서양 중세에서만 볼 수 있는 레엔 봉건제에 특별한 의의를 인정하고 프륀데 봉건제는 이것을 家産官僚制의 일종의 타락된 형태인 것처럼 본 것 같다. 즉 그는 봉건제와 가산관료제를 대비하는 연구에서[1] 봉건제의 대표로서는 레엔 봉건제만을 인정하였던 것이다.

그리고 베버가 가산관료제 사회의 특징으로 들고 있는 것은 거의 순수한 형태로서는 중국 사회에서만 찾아볼 수 있는 것이므로[2] 베버에 있어서 봉건제와 가산관료제의 대비는 결국 서양 중세의 레엔 봉건제와 중국의 가산관료제의 대비가 되는 것이다. 따라서 그것은 서양에서는 근대화가 가능하였는데 동양에서는 어째서 그런 일이 일어나지 못하였는가라는 베버의 (그리고 우리의) 문제에 커다란 示唆를 주는 연구가 된다.

㈜

1. W.u.G. 633~661. Feudalismus, Ständestaat und Patri-
monialismus.

2. 조선시대 말기까지 우리나라 제도가 어떠하였는가에 관하여는 아
   직 만족할 만한 연구가 없는 것 같지만, 중국과 大同小異하다고
   하면, 베버의 연구는 직접 우리나라의 지난날을 이해하는 데에서
   도 많은 참고가 되리라고 생각한다.

봉건제와 가산관료제(따라서 그 變種인 프륀데 封建制)
는 위에서 본 바와 같이 그 성립과정이 판이하게 다르지
만, 그보다도 더 결정적인 차이는 武臣이 — 무장을 自辯
하는가 아닌가에 관한 — 軍制의 측면에 있었던 것이다.
즉 封建騎士에 있어서는 '武裝自辯의 原則(Prinzip der
Selbstequipierung—W.u.G.134, 638)'이 인정되어 있
었지만, 가산관료제에는 傭兵(Söldner—W.u.G. 596)이
원칙이었고, 군대의 무장은 왕이 부담하였던 것이다. 그리
고 인적 관리기구와 물적 경영수단의 관계에서 본다면, 家
産官僚制에 있어서는 이 두 가지가 적어도 외형상으로는
분리되어 있었지만, 봉건제에 있어서는 그러한 분리가 없
었고, 封建領主는 그의 수입과 자기 領地의 행정비와의 차
액을 자기의 소득으로 마음대로 처분할 수 있었으며, 군주
일지라도 그의 생활은 직접적으로는 자기의 直轄地에서 나
오는 수입에 의존하고 있었던 것이다.

그러나 봉건제와 가산관료제의 차이는 이것으로 그치는
것이 아니다. 더 나아가서 봉건제의 주체인 기사와 가산관
료제의 담당자인 가산관료 사이에는 그 '생활태도(Le-
bensführung)' 또는 心情(Gesinnung)이 판이하게 달랐

으며, 이 점에 착안하여 두 제도를 대비시키는 데에 베버
의 특색이 있었던 것이다. 물론 봉건기사와 가산관료 사이
에는 이 점에 관하여 외견상 유사점이 없는 것은 아니다.
즉 첫째로, 그들은 모두 전인적으로(persönlich) 결합되
어 있었고, 둘째로, 그들에게는 모두 합리적인 전문적 교
육이 없었으며, 그리고 셋째로, 카리스마적·마술적인 집
단의 成員과는 달라 그들의 생활태도는 모두 此岸的이었던
것이다. 그럼에도 불구하고 그들의 생활태도는 다음과 같
은 점에서 차이점을 나타내고 있다.

1. 인격적 유대의 樣相

主君과 봉건기사 사이에는 독특한 忠勤關係(Vasallen-
treue)가 인정되지만, 이것은 主君에 대한 기사의 단순한
'피에테트'만으로 보장되는 것은 아니고, 여기에는 강력한
명예(Ehre)의 감정이 수반되지 않으면 안 된다. 다시 말
하면, 기사측에는 戰士로서의 명예와 근무자로서의 충성심
이 있어야 하고, 主君側에는 지배자로서의 고귀한 가치감
정과 그의 명예로 말미암아 유지되는 엄연한 전통이 있어
야 한다. 이러한 두 가지가 서로 결합됨으로써 독특한 충
성관계가 성립될 수 있는 것이다. 그리고 이렇게 생겨나는
정신적 기초 위에서 평등한 자유인이 계약을 통하여 인격
적으로 결합되는 것이 봉건제이다.

그러나 가산관료제에서의 정신적 기초는 이와는 다르다.

물론 여기에서도 봉건제와 마찬가지로 주종 사이에 인격적 전인격적인 결합이 있지만, 봉건제의 인격적 결합이 평등한 자유인의 계약에 의하여 설정되는 것과는 반대로, 가산관료제에는 主君에 대한 臣僚의 일방적인 헌신의 감정으로서의 '피에테트'가 있을 뿐이다. 그렇기 때문에 베버는 가산관료제를 가부장적 가산제(patriarchaler Patrimonialismus)라고도 불렀던 것이다.

2. 정치적 구조

가산관료제에서 이와 같이 일방적인 '피에테트'가 인정되는 것은 그것과 봉건제 사이의 정치적 구조에 다음과 같은 차이가 있기 때문이기도 하다.

첫째로, 봉건제에서는 무장을 한 소수인이 莊民을 지배하고 있지만, 가산관료제에서는 '一君萬民'이라는 말과도 같이 한 사람이 수많은 백성을 지배하고 있다.

둘째로, 봉건제에서는 관리의 필요성은 그리 대단치 않으나, 가산관료제에서는 문무백관을 필요로 하고 있다.

셋째로, 외국에서 데려온 傭兵軍隊를 쓰는 경우를 제외한다면, 家産君主는 절대로 臣民의 好意에 의존해야 하지만, 봉건제에서는 이러한 호의가 그렇게 절대적인 것이 되지는 못한다. "家産君主는 한 사람 한 사람의 臣民에 대하여는 전능하지만, 臣民 전체에 대하여는 아주 無力하다(W.u.G.592)." 그렇기 때문에 家父長的 권위를 유지하기 위해서 家産君主는 단순한 영웅이 되어서는 안 되고, 참으로 民福을 육성하는 名君(der gute Fürst)이 되어야 한다. 또한 父와 子의 權威關係에서 유추하여 國父(Landesvater)로서 존경을 받을 수 있어야 한다.

그리고 이러한 가산군주에 대하여는 臣民側으로부터 '국부적 권위에 대한 내면적 歸依'가 있어야 하는데, 가산관료제에 특유한 '피에테트'는 바로 이렇게 생겨났던 것이다.

3. 교육양식

근대관료제에서는 전문적 교육이 필요하지만 봉건제나 가산관료제에서는 이러한 전문적 교육은 필요치 않다. 그렇다고 해서 이때 아무런 교육도 필요치 않다고 말하는 것은 아니다. 신분이 존중되는 전통주의적 사회에서는 지배적인 신분을 가진 층은 자신의 신분에 맞는 威光 내지 존엄(Prestige)을 항상 보유하고 있어야 하고 이러한 목적을 위해서는 역시 그에 맞는 교육 내지 교양이 구비되지 않으면 안 된다. 그러면 봉건제와 가산관료제에 있어서의 교육양식은 어떠하였던가.

봉건제에서는 騎士軍隊의 창립을 목적으로 한다. 그리고 기사의 싸움이라는 것은 1대 1의 영웅적 혈투(der individuelle Heldenkampf)이다. 그러므로 이때의 기사에게는 모든 정열을 싸움에만 걸고서 다른 것에는 구애되지 않는 용감한 영웅이 될 것이 요청되며, 따라서 이때의 군사

교육은 당연히 '武術에 있어서의 개인적 완성'을 목적으로
하게 된다. 다시 말하면, 집단 전부에게 획일적인 훈련을
실시하여 집단 전체가 질서 있게 조직적으로 움직이도록
한다는 것은 이때의 교육의 목적은 되지 않았다.

전쟁에서 영웅적인 싸움을 할 수 있는 기사를 길러내는
것이 목적이었으므로, 이때의 기사 또는 그 지원자에게는
영웅으로서 찬양될 만한 몸가짐을 평소에 가지고 있을 것
이 요청되었다. 이리하여 그들은 자기를 美化하고 피지배
자에 대한 圓光(Nimbus)을 유지하고 발전시키기 위하여
詩文·음악·조형미술 등에 특별한 관심을 가지게 되었는
데, 이러한 관계로 騎士社會의 교육에는 자연히 '뮤즈적 교
육(musische Erziehung)'도 따르게 되었던 것이다. 한
마디로 말하면 그들의 생활태도는 예술적이었다. 그런데
이러한 예술적 생활태도에는 또한 자연히 사치스러운 생활
에 대한 기사적 기호가 따르게 되었다. 즉 그들은 家計를
살펴가면서 目的合理的으로 소비생활을 조절하는 俗人的
생활태도를 멸시하고 지배자로서의 氣品에 맞는 호화스러
운 사치생활을 즐겼던 것이다.

이와 같이 騎士社會의 교육이 '영웅'이 될 것을 목표로
하는 데 반하여, 家産官僚 社會의 교육은 官吏를 목표로
하고 있다. 그리고 가산관료 사회의 관리가 되기 위해서는
'지능주의적·문헌적 교양(intellektualistisch-literali-
sche Bildung)'을 가질 필요가 있었다. 즉, 이러한 교양

을 가지고 있어야만 그들은 지배적 지위를 보존할 수 있었
는데, 그렇기 때문에 대표적인 가산관료 사회였던 중국에
서는 讀書人(Literati)이 지배층을 이루고 있었다. 그리고
조선시대의 한국 또한 이러하였음은 우리가 잘 알고 있는
사실이다. 또한 중동이나 서양 중세에 있어서는 승려가 지
배층을 이룬 때도 있었다. 즉 승려는 封建騎士가 접근할
수 없는 計算術이나 문서사무를 가지고 왕조에 봉사하고,
이렇게 함으로써 봉건기사의 중간적 세력층에 대항하여 왕
조 세력을 강화하는 데 공헌하였던 것이다.

　또는 중세에서 근세로 넘어가는 移行期의 서양에서 보
는 바와 같이 대학교육을 받은 전문적 법률가가 지배층을
이루는 경우도 있었다. 그리고 이 모든 경우에 있어서 지
배층에 있는 사람들이 자신의 신분적 威光을 유지하기 위
하여 한결같이 요구한 것은, 지능주의적·문헌적 교양이었
다. 따라서 여기에는 騎士社會에서 보는 바와 같은 非功利
的인 예술기풍은 찾아볼 수가 없었던 것이다.

　기사의 심정이 예술적이었던 것과는 반대로, 그들은 功
利主義的이었다. 그러나 그렇다고 해서 그들의 태도가 일
반 서민과 마찬가지로 영리적이었다고 생각해서는 안 된
다. 도리어 가산관료는 영리를 멸시하고 그것을 멀리하려
고 하였다. 관리는 일정한 봉급으로 생활하되 賂物을 먹지
않는 것을 이상으로 하며, 동시에 관리로서 차지하고 있는
직위가 영리의 源泉으로서 취급되지 않는다는 점에서 그들

은 사회에서 존경을 받으려고 하였다. 미국에서 발간되는 신문에서 흔히 우리들 동양 사람이 보고서 불쾌하게 느끼는 것이 하나 있는데, 그들은 가령 어떤 사람이 長官에 임명되었다는 記事를 발표할 때 '아무개는 연봉 얼마짜리의 감투를 썼다'라는 식으로 쓰는 것이다.

그러나 이것은 우리들 동양 사람의 生理에는 맞지 않는 표현방식이다. 오랜 가산관료제의 전통을 가지고 있는 중국과 한국에서는 자기의 직위가 얼마짜리인가를 평가받는 것을 싫어하고, 반대로 이 직위가 전체로서의 位階構造에서 어느 정도의 위치에 놓여 있는가를 문제삼음으로써 그것에 해당하는 존경을 받으려고 하는 것이다. 이러한 것을 베버는 家産的 行政의 精神(der Geist der patrimonialen Verwaltung)이라고 불렀다. 그러나 가산관료들은 이러한 정신에 사로잡혀 있었기 때문에 한편으로 공리적이면서도 자본주의적 영리를 멸시하였던 것이다.

이러한 家産的 行政의 정신에 관하여는 ≪종교사회학 논문집≫ 제1권 395쪽 이하에 자세히 언급되어 있다. 바로 이 부분을 英譯한 것이 Gerth and Mills, From Max Weber, 1958. pp. 416~444. The Chinese Literati이다.

근대관료제와 가산관료제
家産制에 있어서 그 분권화 경향이 극도에 달한 것이 신분적 가산제(또는 신분적 지배)이고, 그 집권화 경향이 철저하게 나타난 것이 가산관료제임은 이미 보았다. 그러한 가산관료제의 특징을 밝히기 위하여 그것과 봉건제를 비교해 보았다. 가장 전형적인 가산관료 사회로서는 중국 사회(와 그리고 동시에 韓國 社會)를 들 수 있고, 봉건제는 서양 중세에서만 특유하게 나타났던 것이므로, 우리는 이러한 비교를 통하여 근대화되기 이전에 서양과 동양이 어떻게 달랐는가를 알 수 있게 되었다. 그런데 그후의 서양은 잠시 동안 가산관료적인 絶對王制의 과정을 밟았으나 곧 근대화의 움직임이 시작되어 오늘날 근대관료제의 단계로 넘어갔지만, 우리 동양은 최근에 이르기까지 가산관료제 국가로서 그대로 내려왔고, 그리고 최근에는 비록 서양식인 근대관료제를 도입하였다고 할지라도 여전히 수천 년 동안의 전통을 버리지 못하고 있다. 그러므로 가산관료제의 — 따라서 동양사회의 — 특징을 완전히 파악하기 위해서, 우리는 더 나아가 가산관료제와 근대관료제를 대비시켜 보아야겠다.

중국을 비롯하여 옛날의 왕조국가에는 문무백관이 있었다. 그러나 미국·영국·소련과 같은 근대국가에도 수많은 관리가 포함되어 있다. 그럼에도 이 둘 사이에는 근본적인 차이점이 있는데, 이 점을 밝힘으로써 가산관료제의 특징이 더욱 뚜렷해질 수 있다. 근대국가의 官吏는 근대적 의미의 법에 따라 행동한다. 이와 반대로 왕조국가의 관리의 행동을 지배한 것은 오랜 전통이기도 하였고, 또는 왕의 恣意이기도 하였다. 그렇기 때문에 근대적 지배형태를 합법적 지배, 전근대적 지배형태를 전통적 지배라고 부르는 것이다.

그런데 가산관료제와의 대비와 관련하여 근대관료제의 이러한 특이점을 밝히기 위해서는 그것이 가지고 있는 몇 가지 특징을 더 생각해 볼 필요가 있다.

첫째로

근대국가에서의 관리의 행동은 '法典' 속에서 조직화되어 있다. 法典은 가장 일반적이고 추상적인 법규인 헌법으로부터 점차 법률·명령의 순서로 하강하여 하나의 질서정연한 단계구조를 이루고 있으며, 그것들 사이에는 횡적으로나 종적으로나 寸分의 모순도 없도록 논리적으로 잘 꾸며져 있다. 그리고 근대국가의 관리의 머리 위에는 이러한 법전이 군림해 있으므로, 그들의 행동은 — 여하한 恣意도 이것을 배척하고 — 오로지 이러한 체계적인 법전에 그대로 순응하여 '기계와 같이' 행하여질 것이 요청된다. 즉 이때의 법은 윗구멍으로 사건을 집어 넣으면 아랫구멍으로 판결을 끄집어 내는 自動機械(Paragraphen-automat)와 같이 될 것을 이상으로 하고 있다.[1]

㈜
1 近代法의 이러한 특징에 관한 베버의 설명은 W.u.G.395f.에 잘

나타나 있다.

근대국가의 관청에는 수천 수만의 관리가 근무하고 있고, 그리고 그들 사이에는 上司와 下僚라는 관계가 있지만, 이러한 상하 관계는 법질서를 통하여 간접적으로 설정되어 있을 뿐이다. 따라서 그러한 법질서 자체의 앞에서는 그들은 완전히 평등하다.

즉 이러한 법질서 앞에서는 — 따라서 관청 내부에서는 — 그들은 남편도 아니고 아버지도 아니며, 또한 아들도 아니고 동생도 아니며, 그들은 다만 기계의 부분품과도 같이 법질서를 따라 기계적으로 움직이는 하나의 기관담당자에 지나지 않는다. 그러므로 下僚가 上司의 명령에 복종하는 것은, 그러한 명령을 내린 上司 誰某 때문인 것이 아니라, 상사와 下僚를 합한 모든 成員이 헌신하고 있는 공통된 목표, 즉 법질서 때문이다. 그런데 가산관료제에서 관리의 행동을 규율하는 것은 조직적인 법규범이 아니라 신성시되어 있는 전통이다. 따라서 下僚가 상사의 명령에 복종하는 것은 공통된 헌신의 목표인 법질서를 통하여 간접적으로가 아니라, 직접 그 상사에 대하여 전인적(persön-lich)으로 헌신하기 때문이다. 다시 말하면, 명령은 바로 그 상사에 의하여 발하여졌기 때문에, 오로지 그 때문에 복종되는 것이다. 그리고 이러한 上司의 명령에 下僚가 거역할 수 있는 경우가 있다면 그것은 다만 上司 자신이 신성한 전통을 무시하였을 때뿐이다.

둘째로

근대국가에 있어서의 관리의 직무범위는 成文法에 의하여 그 내용과 한계가 명백히 정해져 있다. '權限의 원칙(Prinzip der Kompetenz)'이라는 것이 그것이다. 이에 대하여 가산관료제에 있어서는 이러한 식으로 직무범위가 정하여지는 것은 ─ 전혀 없는 것은 아니지만 ─ 극히 드문 일이며, 그것은 대개는 군주에 의하여 자의적으로 정하여졌다. 따라서 경우에 따라 군주의 사랑을 독점하는 寵臣이 국가의 모든 政務에 관여하는 일도 있었던 것이다. 그리고 이와 같이 하여 한 번 직무범위가 정해지면, 그것은 그대로 지속되어 하나의 전통을 이루며 고정화되고, 나중에는 私權으로 화하기도 하고, 또는 서양 중세에서 보는 바와 같이 세습화되기도 한다. 그리고 이것은 왕조의 권력이 그만큼 약화되었다는 증거이지만, 이러한 경향이 그대로 추진되는 경우에는 身分制的 家産制로 굳어 버리게 된다.

셋째로

근대관료제에 있어서도 직무상의 體統(Amtshierarchie)이 있어서 상사는 下僚를 지휘 감독하고 있지만, 이러한 상하관계는 身分과는 관계없이 설정되어 있다. 그러

나 家産官僚制에 있어서는 직무상의 體統과 身分上의 체통
이 중첩되어 있으므로 하급관리의 행동에 대하여 상급관리
는 때로는 횡포하다고 할 만큼 간섭을 하는 것이다.

넷째로

근대국가에 있어서의 관리의 사무는 분업의 원칙에 따
라 전문적으로 分化되어 있다. 따라서 이때의 관리는 전문
적으로 교육을 받은 관리(fachgeschulter Beamte)가 되
지 않으면 안 되며, 이러한 관리가 될 자격이 있는가 없는
가는 그러한 전문적 교육(Fachgeschultheit)을 받았는가
아닌가에 따라 결정된다. 그리고 이러한 전문적 교육의 유
무를 알아보기 위하여 국가시험을 보기도 하고 또는 일정
한 종류의 학교를 졸업할 것을 요구하기도 한다.

그런데 가산관료제에 있어서는 이와는 반대로 전문적
교육 같은 것은 문제가 되지 않고 대개는 세습적 신분을
따라 신분에 알맞는 관직에 오르기도 하고, 또는 신분에는
관계없이 그의 人的 能力이나 왕의 총애에 따라 등용되기
도 한다. 그리고 후자의 경우에는 극히 미천한 직위에서
한꺼번에 높은 관직에 오르는 일도 흔히 있는 것이다. 물
론 중국이나 우리나라에서는 옛날부터 과거제도가 있었지
만, 여기에서는 전문적 교육보다도 일반적인 인문적 교양
이 있는가 없는가가 더 문제가 되었다. 또한 서양 근세의
절대주의 시대에는 왕권의 확대를 위하여 (특히 법학적)

전문가가 많이 등용되었는데, 이것은 이미 그때에 근대적 관료제도로의 이행이 시작되었기 때문이었다.

이상으로써 가산관료제의 개념은 어느 정도 명백해졌을 것이다. 다음에는 이러한 일반적인 概念圖式에 입각하여 좀더 구체적으로 중국에 있어서의 가산관료제의 특징을 알아볼 필요가 있다. 왜냐하면 이렇게 함으로써 우리는 — 베버의 연구가 미치지 못한 — 우리나라 옛날의 家産制를 베버式으로 이해할 수 있기 때문이다.

중국

베버는 그의 ≪경제와 사회≫의 615쪽 이하에서 가산관료제를 실례를 들어가면서 再說하였는데, 고대 이집트와 중국의 것을 주로 하고 중동과 서구의 것을 섞어 가면서 비교 설명하였다. 그러므로 우리도 중국에서의 가산관료제를 — 베버를 따라 — 고대 이집트에서의 그것과 비교해 가면서 알아보기로 하자.

우선 中國의 가산관료제와 고대 이집트의 가산관료제 사이에는 ① 治水統制·運河建設·長城 또는 피라미드의 구축과 같은 대규모 토목사업으로 말미암아 황제가 직접 臣民을 혹사해야 할 필요가 있었고 ② 관리에 대한 프뤼데의 지불이나 군대를 무장하고 給養하기에 충분할 만한 창고의 축적이 없었고, 특히 莊園의 발달이 미약하였던 관계로 가산관료제가 일찍부터 발달되었다. 따라서 반면에 그만큼 分權的 封建制의 성립이 조지되어 왔다는 점에서는 공통된 사정이 있었음을 인정할 수 있다. 그러나 그것들은 다음과 같은 점에서 차이점을 나타내고 있다.

1. 군사의 방면에서 그것들은 다르다. 고대 이집트의 국왕 파라오(Pharao)는 대내적으로는 강대한 중앙집권력을 가지고 있었으나, 대외적으로는 아시리아와 페르시아와 같이 고도로 발달된 문화를 가지고 있는 왕조국가와 끊임없는 전쟁을 해야 했으므로 파라오의 권력의 근원은 군대, 특히 傭兵軍隊가 되지 않을 수 없었다. 이와 같이 고대 이집트의 왕권이 군대를 배경으로 하여 특히 전투적인 성격을 가지고 있었던 것과는 반대로, 중국의 왕조는 지극히 평화적이었다.

물론 중국의 왕조에 무력이 필요하지 않았던 것은 아니지만, "만리장성의 준공(Fertigstellung der grossen Mauer)은 여러 세기 동안 흉노족의 침략의 예봉을 서양으로 돌릴 수 있었고, 따라서 그때부터는 비교적 소수의 職業軍의 전투력을 가지고도 능히 제압할 수 있는 지역에 대하여서만 외부적 팽창은 감행되었을 뿐이었다(W.u.G. 619)." 물론 隋·唐 때에 이르러 우리 고구려와의 싸움 때문에 한때 武備에 광분한 때가 없지도 않았으나, 이때를 제외하면 중국의 왕조는 대내적으로는 대체로 평화주의적이었음을 인정할 수 있다. 그리고 대내적으로 臣民에 대하여 중국의 왕조는 항상 儒敎倫理에 입각한 '福祉國家의 理論(die Theorie des Wohlfahrtsstaats)'을 발전시켜 왔다.

2. 화폐경제의 발달 정도에 있어서 그것들은 다르다. 고대 이집트 특히 프톨레마이오스 왕조시대에 화폐경제는 전면적으로 행하여졌고, 따라서 그것은 행정의 합리화와 중앙집권화를 촉진시키는 데 커다란 역할을 하였다. 그러나 中國에 있어서는 화폐제도가 아주 옛날부터 있었음에도 불구하고 화폐경제는 "근세에 이르기까지 프톨레마이오스 왕조의 이집트 정도로도 발전하지는 못하였다(RS. I. 276 f)."

그리고 그 원인으로서는 鑄貨不足과 불교도들에 의한 佛像鑄造 등을 들 수 있지만, 그보다도 더 결정적인 것은 전쟁으로 말미암은 幣制의 혼란 때문일 것이며, 이와 같이 화폐경제가 발달하지 못하였다는 것은 국가재정의 합리화를 곤란하게 하였고, 따라서 그만큼 국가의 中央執權力을 약하게 만들었던 것이다.

3. 중앙집권력의 모습에 있어서 다르다.

이집트는 국토가 기름지고 잉여노동력이 풍부하였던 관계로, 古王國시대부터 중앙집권적 국가로서의 성격을 뚜렷이 나타내고 있었다. 즉 직속군대를 거느린 파라오는 완전

히 무장이 해제된 臣民 위에 군림한다. 그리고 이때의 文
官이나 武官은 완전히 파라오의 노예와 같이 취급된다. 동
시에 그들은 파라오의 창고로부터 지급되는 데푸타트 프륀
데(Deputatpfründe)[1]에 의하여 급양된다.

슈포르텔 프륀데(Sportelpfründe)[2] 또는 근무지 프륀
데(Landpfründe)[3]에 의하여 급양되는 경우에는 관리가
왕으로부터 이탈되어 분권화될 위험성이 있지만, 파라오의
창고에 그 급양을 의존하고 있는 경우에는 이러한 분권화
가 지극히 곤란해진다. 인민은 소위 '이디아(idia)'[4]에 의
하여 일정한 토지에 얽매여져 있었으며, 가혹한 賦役 또는
공납을 강요당하였다. 근대자본주의 사회의 거대한 경영과
함께 인류 역사상 나타난 二大經營의 하나라고 불리는 이
집트의 '오이코스(Oikos)[5]는 이러한 기반 위에서 비로소
가능하였던 것이다.

㈜
1. 데푸타트 프륀데는 '廩俸 프륀데' 또는 '現物給與에 의한 프륀데'라
   고도 번역되는데, 이것은 군주의 金庫 또는 창고로부터 급여되는
   現物을 말한다. 그리고 이때의 군주의 통제력이 가장 강하다. W.
   u.G. 606
2. 슈포르텔 프륀데는 手數料 프륀데라고 번역된다(日本學者들은 役
   得 프륀데라고 한다). 이것은 관직을 일종의 營利源泉인 것처럼
   취급하는 것인데, 官吏의 生活을 임명권자가 보장하려는 것이 아
   니라, 일정한 官職에 임명함으로써 재주껏 뜯어먹고 살라는 정신
   에서 나온 것이다. 그리고 나중에는 이것이 개인적 재산같이 취급
   되어 賣買도 되고 세습도 되기에 이르렀다. W.u.G. 606f.
3. 勤務地 프륀데는 家臣에게 某種의 形式으로 일정한 근무지가 주어

지는 경우이다. 이것이 '레엔'에 가장 가깝다는 것은 곧 짐작할 수
있다. W.u.G. 607.
4. idia는 그리스 말인데, 고대 이집트의 프톨레마이오스 王朝時代에
있던 제도로서, 백성은 토지와 촌락에 결박되어 있어서 만일 그가
자기의 이디아를 증명할 수 없는 경우에는 아무런 보호도 받을 수
가 없었다. WG. 65.
5. Oikos는 그리스 말로 집〔家〕을 의미한다. 일반적으로 家父長權의
엄격한 통제 밑에서 수많은 노예를 써가면서 이루어지는 自給自足
的·封鎖的 家內經濟를 말한다. 베버는 고대 이집트를 "전국토는
마치 왕의 오이코스의 하나의 광대한 所領地와 같이 보였다."라고
평하였다. W.u.G. 616.

고대 이집트는 이와 같이 노예 또는 隷民을 기반으로 성
립된 국가였지만, 中國은 이와는 반대로 零細農의 나라였
다. 따라서 여기에서는 이집트에 있어서와 같이 횡포한 오
이코스 經濟는 생겨날 수가 없었고, 왕조는 다만 소작농
또는 자작농의 근면에 호소함으로써 그의 租稅收入을 풍부
하게 하려고 노력하였을 뿐이다.

4. 氏族制度에 관하여 다르다

고대 이집트의 관료제는 철저하게 씨족을 없애 버렸지
만, 중국 농촌에서는 반대로 씨족은 무서운 힘을 발휘하였
다. 아무런 힘도 없는 중국의 영세농들은 자기 방위의 길
을 이 씨족에서 구하였던 것이다. 그런데 반면에 광대한
국토에 비하여 관리의 수효는 극히 적었고, 게다가 같은
임지에서의 관리의 재직기간은 제한되어 있었고, 또한 '本
籍回避의 原則(Ausschluss der Anstellung in Gebie-

ten, wo der Beamte seinen Sippenhang hat—W.u. G. 617)'에 의하여 고향에서의 취직이 금지되어 있었으며, 또한 앞에서도 말한 바와 같이 中國의 官吏는 전문적 지식을 가진 자가 아니라 일반적 교양을 가지고 있을 뿐이어서 실무에는 어두웠다. 따라서 官吏는 중국 사회의 껍질에 지나지 않으며, 實質에 있어서는 중앙정부의 통제를 벗어나 자유로이 방임된 土着的 氏族社會가 오랜 전통을 가지고 지배해 내려왔던 것이다. 그러므로 지방정치의 실제적인 처리는 중앙에서 파견된 官人에 의해서가 아니라 지방에 토착되어 있는 胥吏의 손에 의하였던 것이다.

중국의 황제는 그의 臣僚에 대하여는 독재적이었지만, 그의 통제력은 鄕團이 自治하는 농촌에까지는 미치지 못하였다. 따라서 서양 중세에서 본 바와 같은 봉건적 중간층은 생겨나지 않았지만, 그 중앙집권화는 고대 이집트에 비해 형편없이 약하였던 것만은 사실이다.

끝으로, 중국에 있어서 封建化 防止를 위해 어떠한 수단이 채택되었던가를 알아보기로 하자. 앞에서도 말한 바와 같이 家産官僚制 밑에서는, 臣僚는 자기의 관직을 전유하여 이것을 고정시켜 버리고 지방에서의 그의 명망 같은 것을 이용하여 왕조로부터 독립된 세력을 형성해 보려고 하지만, 이에 대하여 왕조측에서는 항상 그러한 分權化를 방해하기에 힘을 써왔다. 중국에서는 임기의 제한, 本籍回避의 원칙, 巡察使(Zensoren, 우리나라의 暗行御史)에 의한

감시 등의 방법도 썼지만, 특히 과거제도와 官吏의 근무성
적을 기록해 두는 考査表의 작성은 특기할 만한 것이 된
다. 이것은 세계에서 처음으로 중국에서 채택한 방법인데,
이것으로써 관리가 어떤 일정한 지방에 고착하는 것을 방
지하고 이렇게 함으로써 봉건세력의 세습적 축적을 막을
수 있었던 것이다.

행정의 정체화

家産官僚制에 있어서는 숙명적으로 그 행정과 경제가
停滯化(stereotypieren)하게 마련인데, 이 점에 있어서도
중국은 그 모범이 되고 있다. 먼저 행정의 정체화부터 생
각해 보기로 하자(W.u.G. 610~612).

근대관료제가 分業의 원리에 입각하여 모든 사무가 신
속하게 능률적으로 진행될 수 있다는 것은 누구나 다 인정
하는 바이지만, 이러한 기능적 분업의 원리를 모르는 가산
관료제에서는 그 행정이 지극히 비능률적이었으리라는 것
또한 우리는 짐작할 수 있다.

그러나 이보다도 더 결정적으로 가산관료제의 행정을
정체화시키는 원인이 된 것은 가산관료제에서는 公私의 구
별이 분명하지 않았다는 점이다. 즉 군왕은 公人으로서의
활동과 私人으로서의 활동을 구별하지 않고, 따라서 主從
의 관계는 군왕의 恣意에 맡겨졌다. 물론 이러한 恣意가
허용되는 정도는 경우에 따라 같지 않았다. 데푸타트 프륀

데에 있어서는 군왕의 통제력이 가장 강하고, 반대로 勤務地 프륀데에 있어서는 그것이 가장 약하며, 슈포르텔 프륀데는 그 중간에 위치하는 것이었다. 하여튼 이러한 군왕의 恣意에 대하여 臣僚側에서는 어떻게 해서든지 자기의 프륀데를 전유하여 이것을 그대로 고정시켜 버림으로써 자신의 지위에 어떤 독립성을 주려고 하였는데, 이것으로 말미암아 군왕측에서 시도되는 행정의 합리화는 번번이 수포로 돌아갔던 것이다.

왕권에 대한 이러한 반항은 서양 근세에는 특히 법원측에서 흔히 행하여졌고, 이것은 오늘날의 '司法權의 獨立'을 가져왔다. 가령 프랑스의 高等法院(Parlamente)을 예로 든다면 왕이 '파리 고등법원의 玉座(lit de justice)'에 군림하여 명령을 내리는 경우에는 무엇이든지 합법적이었고 또한 왕은 직접 문서로써 裁判書翰(lettre de justice)을 보낼 수도 있었으나, 고등법원을 구성하는 官職保有者들은 비록 當場에서는 아무런 말도 못 하고 침묵을 지키고 있었지만, 왕의 처사가 전통에 배치되는 경우에는 지체없이 建白書(remontrance)를 써올려서 자기네들의 입장을 옹호하려고 하였던 것이다. 이러한 것을 우리는 중국에서도 볼 수 있다. 중국에서 프륀데는 관리 개인의 전유에 속하는 것이 아니라 관리의 신분에 있는 사람들이 전체로서 그것을 전유하고 있었다. 그러므로 이러한 전유에 방해가 되는 간섭이 있는 경우에는 그들은 굳게 단결하여 이와 싸웠다.

그러므로 중국에서 정치적 개혁을 하려고 한 사람은 항상 이러한 官吏集團의 저항을 받았던 것이다.

이러한 의미에서의 행정의 정체화는 지방행정에서 특히 심하였다. 앞에서도 말한 바와 같이 가산관료는 전문적 지식을 가지지 못하였으므로 그들이 왕명에 의하여 지방에 파견된다고 할지라도 실제적인 지식이 없는 관계로 실질적인 지방행정은 대대로 그 지방에서 세력을 잡아 내려온 地方門閥에게 맡기지 않을 수 없었다.

따라서 관직을 가지고 있는 지방문벌층은 그 지방에서는 군왕을 대신하는 관리보다 우위에 서게 되는 일이 많았는데, 그렇기 때문에 家産君主는 지방문벌과 끊임없는 투쟁을 하지 않으면 안 되었던 것이다. 그리고 이러한 지방문벌의 저항이 크면 클수록 그만큼 지방행정이 정체화되었으리라는 것을 짐작할 수 있다.

경제의 정체화

행정이 정체화되면 그만큼 경제도 정체화된다(W.u.G. 648f; RS. I, 342f). 합리적인 근대자본주의가 성립되기 위해서는 합리적으로 구성된 成文法 체계가 있어야 한다. 그런데 家産官僚制에서는 오랜 전통과 君主 또는 고관의 恣意만이 행정 및 사법을 지배하게 되는 것이므로, 이러한 조건 밑에서는 안정된 자본계산을 할 수가 없게 된다.

그래서 이때의 기업가들은 자연히 맹목적인 투기를 하

든가 또는 정치와 결탁함으로써 비합리적인 영리를 꾀하려
고 하게 된다.

베버가 말하는 商人資本主義, 租稅請負, 官職請負 또는
官職買收를 목적으로 하는 자본주의(Steuerpacht, Amt-
spacht, oder Amtskaufkapitalismus)는 이렇게 생겨
난 것이다. 그러나 이와 같이 비합리적인 우연성에 입각한
기업이 건전하게 발달할 리 없으며, 따라서 민간에 있어서
의 私的 資本의 축적이란 거의 불가능하였던 것이다.[1]

㊟

1. 家産官僚와는 반대로, 봉건제에 있어서는 자본주의의 成立이 훨씬
   쉬웠다는 것이 베버의 의견이다. "封建制 밑에서는 정체화되지 않
   은 家産國家에 비하여 법질서가 훨씬 커다란 연속성을 가지고 있
   었으므로 그것은 자본주의의 발전을 — 물론 여러 가지로 정도의
   차이는 있었으나 — 유리하게 할 수 있는 요소가 되었다." W.u.
   G. 656.
   　또한 베버의 다음과 같은 유명한 말이 있다. "전유된 모든 權益
   은 — 그것이 비록 형식상으로는 전유가 아니라고 할지라도 — 旣
   存型의 社會行爲를 정체화시키는 효과를 가질 수 있다." W.u.G.
   119.

제6절 카리스마적 지배

카리스마(Charisma)라는 말은 獨逸法制史家였던 좀 (Rudolf Sohm, 1841~1917)이 그의 저서 ≪敎會法 (Kirchenrecht)≫에서 原始基督敎團에 관하여 처음으로 사용하였다. 그러나 이 말을 가지고 지배의 형태에 이름을 붙이고 그것에 관하여 체계적인 이론을 전개한 사람은 역시 베버가 처음이었다.[1]

㊅

1. 카리스마적 支配에 관한 베버의 이론은 ≪경제와 사회≫의 여기저기에 전개되고 있는데, 그 부분을 지적하면 다음과 같다(숫자는 이 책의 面號).

   ① Die Typen der Herrschaft. 4. Charismatische Herr-schaft.(140f.); 5. Die Veralltäglichung des Charisma. (142f.); 7. Die herrschaftsfremde Umdeutung des Chari-sma. (155f.) － Eng. trans. Parsons: Max Weber, The Theory of Social and Economic Organization. 1947. pp. 358f. 363f. 386f.

   ② Soziologie der Herrschaft. 2. Abs. Die drei reinen Typus der legitimen Herrschaft.(551f.)

   ③ Soziologie der Herrschaft. 6. Abs. Die charismati-sche Herrschaft und ihre Umbildung.(662f.)－Eng. trans, Gerth and Mills: From Max Weber. 1958. pp. 245f.

   여기에서의 설명은 주로 둘째 문헌인 ≪正當的 支配의 세 가지의 純粹型≫에 의하였다. 또한 Kröner 159f. 참조.

카리스마적 지배

주인이 가지고 있는 非日常的인 인격과 그의 恩寵施與 (Gnadengabe=Charisma)에 대하여 情動的으로 歸依할 때 카리스마적 지배는 있게 된다. 다시 말하면, 주인이 가지고 있는 마술적 능력이라든가, 啓示 또는 영웅적 행위라든가, 또는 정신력 내지 웅변력이 비범하여 모두가 그에 대하여 情動的으로 감동되어 있을 때 주인의 인격에 대한 카리스마적 귀의는 있게 된다. 그리고 예언자(예수), 영웅(나폴레옹) 또는 民衆煽動家(Demagog 페리클레스)의 지배는 그 가장 순수한 형태가 된다.

카리스마적 지배는, 베버에 의하면 전통적 지배와 함께 전근대사회에서 흔히 볼 수 있는 것으로 되어 있다. 그러나 그렇다고 해서 근대국가에 그러한 카리스마적 지배의 기풍이 완전히 자취를 감추었다고 보는 것은 잘못이다. 가장 근대적인 관료제가 채택되어 있다는 미국이면서도 현대 통령인 아이젠하워 씨에 대하여 일반 민중은 카리스마적인 귀의를 하고 있다는 말을 듣고 있다. 또한 정치적 지배에 관한 것은 아니지만 영화배우나 운동선수에 대하여 많은 팬이 생기어 열광적으로 떠들어대는 것도 카리스마적 귀의의 심리상태에서 생겨나는 것이다. 그러므로 카리스마 내지 카리스마적 지배는 이것을 근대와 전근대에 관련시킴이 없이 보편적으로 인간 사회에서 볼 수 있는 하나의 支配型으로 보는 것이 옳으리라고 생각한다.

카리스마적 지배에서는 명령을 하는 사람은 '지도자 (Führer)'라는 형태를 이루고, 복종하는 사람은 '弟子 (Jünger)'라는 형태를 이루고 있다. 그리고 지도자에 대하여 복종하는 것은 그가 成文法에 규정된 지위에 있기 때문도 아니고, 또한 오랜 전통이 그에게 복종할 것을 요구하기 때문도 아니다. 그 복종은 오로지 그가 가지고 있는 비범한 자질(카리스마) 때문에 행하여지는 것이며, 따라서 그러한 복종은 그가 그러한 자질을 가지고 있음을 계속적으로 確證(bewähren)할 수 있는 한도 안에서, 그리고 그동안에만 한하여 있게 될 뿐이다. 따라서 만일 그가 그러한 자질을 이미 상실하였음이 판명된다면 그의 지배적 지위는 그대로 땅에 떨어지고 만다. 인기를 독점하던 영화배우나 운동선수가 한 번 '신통치 않다'라는 낙인이 찍히면 그 즉석에서 세상사람으로부터 망각된 존재가 되어 버리는 것을 우리는 흔히 보고 있다. 예언자나 영웅 또는 데마고 그에 대한 카리스마적 귀의도 이와 같이 순간적이고 허무하다는 것을 말할 수 있다.

카리스마적 지배단체는 '感情的인 一體化(Vergemein-schaftung)'라는 형식을 취한다. 그러므로 이때의 행정간부는 근대관료제에 있어서와 같이 전문적 지식이 있다고 해서 선발되는 것도 아니고, 봉건제에 있어서와 같이 신분에 따라 선발되는 것도 아니며, 또한 家父長制에 있어서와 같이 집안 사람이라고 해서 또는 개인적으로 예속되어 있다고 해서 선발되는 것도 아니다. 그는 다만 주인의 사명과 그의 개인적인 카리스마적 자격 때문에 지명되는 것이며, 따라서 여기에는 權限이라든가 특권이라는 관념은 용납되지 않고, 그는 다만 그때그때에 주인으로부터 내려지는 계시나 결정에 따라 행동할 뿐이다. 그러므로 이때의 행정은 어디까지나 비합리적이며, 또한 전통의 구속도 받지 않는다.

마태복음 제5장에 "……라는 말을 너희가 들었으나, 그러나 내가 너희에게 이르노니……(es steht geschrieben, ich aber sage Euch)"라는 식의 구절이 많이 있는데, 이것은 전통에 구속되지 않는 예언자 카리스마에 가장 맞는 말이다. 또한 영웅 카리스마의 경우에는 영웅의 무력에 의하여 새로이 창조되는 질서 앞에서는 종래의 정당적 질서 같은 것은 발붙일 자리도 없게 된다. 마찬가지로 데마고그에 의하여 告知되는 혁명적인 自然法이 새로운 질서를 창조할 때에도 역시 전통적인 질서는 맥없이 그 자취를 감추게 된다.

카리스마적 지도자가 그의 지위를 계속해서 유지하기 위해서는 항상 민중을 情動시킬 만한 무엇인가를 하고 있지 않으면 안 된다. 그래서 예언자는 주술을 통하여 기적을 나타내야 하고, 영웅은 때때로 수렵 또는 원정을 하여 무공을 과시해야 하며, 그리고 카리스마적 정치가 — 즉 民衆煽動家 — 는 항상 민중 앞에 나타나지 않으면 안 된다. 특히 카리스마적 정치가에 관하여 말한다면 그가 자주 민중과 접촉하기 위해서는 — 교통이 불편한 옛날에는 — 국토가 광대해서는 안 되므로, 베버는 "카리스마적 정치가는 서구도시국가의 *産物*이다."라고 말하고 있는 것이다 (W.u.G. 556; Kröner 161). 이로써 페리클레스와 같은 위대한 데마고그가 도시국가인 아테네에 나타났던 것을 이해할 수 있다.

이와 같이 카리스마적 지배는 순간적인 확증의 기초 위에 성립되는 것이지만, 그것이 어떠한 방법으로 인해 일상화(Veralltäglichung)되는 경우에는 그 지배관계는 상당한 기간 동안 계속되고, 경우에 따라서는 그것이 후계자에게로 넘어가기도 한다. 그리고 이것이 바로 항을 바꾸어 연구될 '카리스마의 일상화'의 문제이다.

카리스마의 일상화

본래 카리스마적 지배는 지도자 개인에 대하여 인격적으로 귀의함으로써 성립되는 것이므로, 그것은 어디까지나 非日常的인(ausseralltäglich) 사회관계이다. 그러나 이러한 카리스마적 지배도 어떤 특수한 경우에는 그것이 日常化되어 거기에 따르는 지배관계도 그만큼 오래 계속하는 때가 있다. 이제 그러한 경우를 들어 보면 다음과 같다 (W.u.G.143~144).

1. 카리스마 보유자를 새로이 물색하는 경우. *西藏*의

'달라이 라마(Dalai Lama)'가 이러한 방법으로 물색되는 가장 순수한 형태에 속하는데, 觀世音菩薩의 化身이라고 인정되는 달라이 라마가 죽으면 — 불교에 특유한 영혼 輪廻思想에 의하여 — 그의 혼이 다시 사람으로 태어난다고 생각되어, 그때 출생한 어린 아이를 찾아다가 달라이 라마의 후계자로 삼는 것이다. 그리고 이때에는 그러한 物色規則을 따라 인정할 수 있는 標識(Merkmal)가 非日常的·個人的인 카리스마에 대신하여 등장하게 된다.

2. 神託, 추첨, 기타의 選出技術을 이용하는 경우. 舊約에 나오는 사울(Saul)왕의 선출 같은 데서 그 예를 볼 수 있는데, 이때에는 카리스마 보유자에 대한 인격적 신앙은 그러한 기술(Technik)에 대한 신앙으로 변질하는 것이다.

3. 후계자 지명의 경우. 즉 지금까지 카리스마 보유자였던 자가 자기의 후계자를 지명하고, 그리고 제자 또는 從者의 一團에 의하여 그것이 승인되는 경우인데, 이것은 가장 많이 사용되는 형식이다. 이때에는 카리스마가 가지는 고유한 정당성은 '指名되었기 때문에 생겨나는 정당성(eine durch die Designation erworbene Legitimität)'으로 변질된다.

4. 후계자 선정의 경우. 카리스마 보유자 자신이 아니라 일정한 행정간부가 후계자를 선정하고, 그리고 제자 또는 從者의 一團에 의하여 그것이 승인되는 경우이다. 그리고 이때의 절차가 '선거' 또는 '豫選'이라는 근대적 관념과는

아무런 관련도 없다는 것을 주의할 필요가 있다. 즉 이때 문제가 되는 것은 자유로이 선택할 수 있는 입후보자를 어떻게 표결에 부칠 것인가가 아니라, 카리스마적 자질을 가지고 있는 자를 어떻게 하면 바로 찾아낼 수 있는가가 문제가 된다. 따라서 여기에서는 민주주의 선거에서 보는 바와 같이 다수결 원칙이 통용되고 또한 다수파와 소수파의 대립을 합법적인 것으로 인정하는 따위의 일은 있을 수 없게 된다. 즉 카리스마적 자질을 가지고 있는 자만이 선출되어야 하며, 따라서 그러한 선출은 '정당한' 선출이 되는 것이므로 이러한 선출에 반대한 사람은 단순한 소수자에 그치는 것이 아니라 그들은 '잘못된' 사람들인 것이다.

다시 말하면, 다수와 소수의 대립이 있는 것이 아니라, '正當과 不正當'의 대립만이 있는 것이므로, 여기에서는 다수결의 원칙은 통용되지 않고 전원일치가 요청되는 것이다 (Die Einstimmigkeit ist Postulat). 이것은 옛날 서양에서 승려나 영주들이 '비숍' 또는 왕을 선출하여 卽位式을 거행할 때 흔히 사용하던 형식인데, 이때에는 주인의 인격 그 자체에 대하여 카리스마적 귀의가 행하여지는 것이 아니라, 그러한 주인의 인격이 즉위식 같은 것을 통하여 '타당하게 표시되었다(gültig bezeichnet)'는 것에 대하여 신앙은 따르게 되는 것이다.

5. 세습카리스마의 경우. 카리스마는 피를 통하여 유전된다는 생각에서 생겨난 것이 세습카리스마(Erbcharis-

ma)인데 왕위의 長子相續權(Primogeniturerbrecht) 같
은 것은 가장 대표적인 것이 된다. 이것은 내부적인 여러
가지 시끄러운 일을 다 없애 버리고 支配의 안정성을 가져
오는 데에 있어서는 참으로 효과적이었다.

그런데 이러한 세습카리스마의 경우에는 카리스마가 가
지고 있는 非日常的인 성격은 완전히 자취를 감추고 대신
전통의 힘이 크게 앞에 나서게 된다. 본래 카리스마적 지
배에 있어서는 피지배자측의 현실적인 승인이 절대로 필요
한 것이지만 세습카리스마의 경우에는 반대로 — 가령, 나
는 왕조의 정당한 계승자이니 너희들은 나에게 복종하라라
는 식으로 — 주인측의 요구가 앞서게 된다. 즉 이때에는
카리스마적 자질에 붙어 있다고 생각되던 '신의 恩寵(Got-
tesgnadentum)' 같은 것은 완전히 변질되어 '피지배자의
승인에 의존되지 않은 주인의 고유한 권리(Herr zu ei-
genem, nicht von Anerkennung der Beherrschten
abhängigem, Recht)'라는 것으로 변화하게 된다.

6. 官職카리스마의 경우. 카리스마는 어떤 특수한 儀式
的 方法(hierurgische Mittel)에 의하여 그것의 보유자
로부터 다른 사람에게 옮겨지기도 하고 또는 완전한 신인
에게서 그것을 만들어 내기도 할 수 있다는 생각에서 나온
것이다. 이때 카리스마는 事物化되는 것이며, 특히 관직카
리스마(Amtscharisma)는 그 대표적인 것이 된다. 그리
고 이때의 지배의 정당성은 개인의 인격에 근거를 두는 것

이 아니라, 聖物·塗油式·按手, 기타의 의식을 통하여 그가 획득하였다고 인정되는 극히 마술적인 그 무엇에 기초를 두게 된다.

다시 말하면, 이때의 지배는 그러한 개인의 인격 그 자체와는 아무런 관계도 없고 그러한 인격으로부터는 완전히 독립되어 있는 어떤 그 무엇, 가톨릭에서 말하는 '깨뜨릴 수 없는 本質(character indelebilis)'에 따르게 된다. 따라서 여기에서는 다만 그러한 '儀式的 行爲의 有效性(Wirksamkeit der hierurgischen Akte)'만이 지배의 정당성의 근거가 된다.

카리스마적 지배의 변질

카리스마가 일상화되는 경우에는 그것은 경우에 따라 카리스마적 지배 그 자체를 변질시킬 때가 있다. 이제 그러한 경우 몇 가지를 들어 보면 다음과 같다.

본래 카리스마적 지배는 구체적인 인물이 가지고 있는 카리스마적 자질이 피지배자에 의하여 확증될 때 비로소 그 정당성을 가지게 된다.

그런데 이러한 확증 내지 승인에 관하여는 두 가지 해석이 가능하다. 즉 그 하나는, 자질이 있기 때문에 승인한다는 경우인데, 이것은 카리스마적 지배에 관한 본래적인 진정한 해석이 된다. 그리고 다른 하나는, 피지배자가 자유로이 승인했기 때문에 지배의 정당성이 생겨난다는 것인

데, 이때에는 카리스마적 자질이 아니라 승인이 그러한 지
배의 정당성의 근거가 된다. 이것이 베버가 말하는 '民主主
義的 正當性(demokratische Legitimität)'이다.

이렇게 되면 종래에는 자기가 가지고 있는 카리스마 때
문에 정당하다고 인정되던 주인이, 여기에서는 피지배자의
은총을 받든가 또는 권력의 위임을 받았기 때문에 그 지위
를 보존할 수 있는 단순한 권력자가 되고 만다. 다시 말하
면, 카리스마적 지도자는 변하여 公僕 또는 官僚가 된다.

또한 본래 카리스마적 지배에 있어서는 여러 가지 경우
가 가능할 때 어떤 곳으로 가야 하는가는 전적으로 카리스
마적 지도자의 指示가 告知되고 이것이 공동체 안에서 승
인됨으로써 결정되었다.

그런데 이때에 그러한 결정이 피지배자측의 자유의사에
맡겨지는 경우에는 다만 정당한 방법으로 투표수를 계산하
는 다수결원칙(Majoritätsprinzip)만이 문제가 되며, 이
때에도 역시 카리스마적 지배는 변질을 하게 된다.

또한 단체의 首長이 피지배자에 의하여 선거되는 경우
에는 ─ 단순한 관료가 선출되는 경우와는 달리 ─ 그는
사사건건 선거민의 훈령에 따라야 하는 것이 아니라, 전체
로서의 신임에 변동이 없는 이상 그는 어디까지나 자기의
책임 밑에 자기 판단으로 행동할 수 있게 된다. 이것이 指
導者民主制(Führer-Demokratie)이다.

제5장 종교사회학

제1절 세계종교의 경제윤리

근대 유럽의 합리성

베버가 그의 社會學에서 해명하려고 한 것은 '근대자본주의란 무엇인가'라는 것이었다. 그리고 이에 관하여 그는 ─ 이미 우리가 자세히 검토한 바와 같이 ─ 근대 유럽의 합리주의의 성격을 밝힘으로써 그 문제를 풀어 보려고 하였다. 따라서 그에 있어서 이 문제는 결국은 '근대 유럽에 있어서의 합리주의란 무엇인가'라는 문제에로 귀착되는 것이었다.

우선 합리주의가 무엇인가에 관하여 베버는 앞에서(제3장) 자세히 소개한 바와 같이, 目的合理性과 價値合理性 (또는 形式合理性과 實質合理性)의 둘을 구별하고 있다. 목적합리적 행위는 外界의 대상이나 타인의 움직임을 예상하고, 이러한 예상을 자기의 목적을 실현시키기 위한 조건 또는 수단으로 이용하려는 행위를 말한다. 그리고 가치합리적 행위는 일정한 행위가 무조건적으로 고유한 가치를 가지고 있다고 굳게 믿고, 그것을 수행하기 위해 결과 여하는 돌보지 않는 태도를 말한다(W.u.G.12; WL. 551). 그런데 이러한 상반되는 두 개의 합리적 행위를 대립시켜 놓고 볼 때, 근대 유럽의 합리주의에 이러한 두 개의 측면이 모두 포함되어 있음을 베버는 발견한 것이다. 즉 근대 유럽의 목적합리적 요소가 된다고 지목되는 것으로는 ① 자유노동의 합리적 조직화와 합리적인 자본계산에 입각한 자본주의 경제 ② 합리적인 과학기술 ③ 합리적으로 꾸며진 成文法 ④ 권한의 원칙과 관직의 體統(히에랄키)을 구성원리로 하고 있는 관료제 등을 들었고, 가치합리적 요소로서는 — 이미 우리가 상세히 연구한 — 프로테스탄트의 윤리를 들었다. 그러고는 프로테스탄트의 윤리에 입각한 가치합리적 행위가 목적합리적인 자본주의를 성립시킴에 있어서 커다란 추진력이 되었다고 베버는 주장하는 것이다.

물론 그렇다고 해서 프로테스탄트의 윤리가 자본주의를 '만들어 냈다'라고 주장하는 것은 아니다. 베버 비평가들 중에 이 점을 오해하고 있는 자가 많이 있지만, 그러나 이것은 터무니없는 생각이라고 베버 자신도 강조하였다.

근대 유럽의 目的合理的 要素로서 앞에서 열거한 네 가지를 자세히 들여다보면 곧 알 수 있는 바이지만, 이러한 것들이 제대로 성취되어 근대자본주의가 성립되기 위해서는 여기에 철저한 反傳統主義의 정신이 뒷받침되어 있지 않으면 안 된다. 그런데 우리의 역사적 경험이 가르치는 바에 의하면, 하나의 전통을 타파하기 위해서는 강력한 가치합리적 또는 카리스마적인 행위가 필요하다는 것을 알 수 있는데, 근대자본주의 성립 초기에 있던 반전통주의적

·반권위주의적 정신은 바로 프로테스탄트의 윤리로부터 공급되었던 것이다.

그렇기 때문에 베버는 프로테스탄트의 윤리와 자본주의의 정신 사이의 '親和性'만을 생각하였으며, 그 결과 그는 프로테스탄트의 윤리(가치합리성)가 근대자본주의(목적합리성)의 성립에 대하여 고도의 因果的 적합도를 가지고 있었다고 확신하기에 이르렀던 것이다.

가치합리성과 카리스마

價値合理的 행위는 목적을 뚜렷이 의식하고 있다는 점에서는 목적합리적 행위와 공통된 것을 가지고 있지만(합리성) 그러나 결과의 여하를 고려하지 않는 열정에 의하여 추진되고 있다는 점에서는 도리어 카리스마와 공통된 성격을 가지고 있다(가치). 그러므로 목적합리적 행위의 입장에서 본다면, 카리스마적 행위와 마찬가지로, 가치합리적 행위도 또한 혁명적이고 비일상적인 것이 된다.

그리고 가치합리적 행위의 이와 같은 비일상성 혁명성으로 말미암아 그것은 오랜 전통을 타파하고 새로운 합리화의 과정을 추진시킬 수 있었다. 그런데 목적합리적 행위 그 자체는 도리어 스스로를 습관화하고 사회의 정체화를 가져오는 점에서 전통주의에 가까운 측면을 가지고 있다고 볼 수 있다. 따라서 목적합리적 행위는 배후에서 가치합리적 행위가 그것을 추진해 주는 경우에만 한하여, 근대 유럽에서 본 바와 같은 목적합리적 연관을 형성해 낼 수 있었다. 하지만 일단 그러한 비일상적 요소를 상실하였을 경우에는 그러한 목적합리적 연관 그 자체가 전통주의와 마찬가지로 정체화하여, 그러한 의미에서 도리어 비합리적인 것이 되지 않을 수 없게 된다.

다시 말하면, 목적합리성 그 자체는 전통주의와 친근하여 비합리적인 것으로 흐르기가 쉽지만, 그것이 가치합리적 행위에 의하여 뒷받침되어 있을 때에 그것은 참으로 합리화의 과정을 끊임없이 밟아 나갈 수 있다는 것이다. 그리고 이렇게 본다면, 유럽을 근대화시키고 근대자본주의를 성립시키는 데 '프로테스탄트의 윤리'에 입각한 가치합리적 행위가 얼마나 위대한 추진력이 되어 왔는가를 짐작할 수 있다.

에토스의 계보

그러므로 '근대자본주의란 무엇인가' 또는 '근대 유럽에 있어서의 합리주의란 무엇인가'라는 베버의 문제는 결국 '근대 유럽인들의 생활의식, 즉 에토스(Ethos)는 어떠한 것이었는가'에 귀착된다고 볼 수 있다. 처음에 베버는 근대자본주의의 본질을 파악하기 위하여 근대 유럽과 고대 또는 중세에 있어서의 유럽을 비교하였고, 동양과 서양의 비교는 필요한 한도 내에 국한되었다(제4장 근대와 전근대).

이렇게 하여 얻은 결론은 프로테스탄트의 윤리야말로

유럽을 근대화하는 추진력이 되었다는 것이었다. 프로테스
탄티즘은 예수교의 한 종파이고 예수교는 유럽의 고대와
중세에도 있었으므로, 이러한 에토스의 계보를 소급해 올
라간다면 나중에는 고대와 중세와 근대를 포함한 전부의
서양과 동양을 정면으로 비교하는 일에 착수하지 않을 수
없게 된다.

도시론

어째서 그럴 필요가 있는가를 알아보기 위하여 잠깐 베
버의 '都市論'을 예로 들어 생각해 보기로 하자.

≪경제와 사회≫의 '도시의 類型論(Typologie der Stä-
dte. 735~822)'과 ≪경제사≫의 '시민계급(Das Bürger-
tum. 270~289)'의 절을 보면, 근대의 도시가 아니라 주
로 고대와 중세의 도시를 중심으로 이론이 전개되어 있다.
그럼 어째서 베버는 고대와 중세의 유럽 도시에만 중점을
두고 연구를 하였는가가 문제가 될 것이지만 이에 관하여는
역시 근대적 시민의식의 '源流'로서의 도시가 여기에서 중심
테마가 되었기 때문이라고 보는 것이 옳을 것이다.

가령 중세도시의 단체의식을 형성해 내는 데 중요한 전
통이 되어 왔다고 베버가 주장하는 것을 보면,

① 유대의 예언자(die jüdische Prophetie)

② 聖靈降臨의 기적(das Pfingstwunder)

③ 안티오케의 회의(der Tag von Antiochien)

의 셋을 들고 있다(WG. 276f). 즉 이것들은 民族的 傳統이나 마술적 속박으로부터 인류를 해방하고 도시에 있어서의 정신적 유대를 강화하는 데에 커다란 힘이 되었던 것이지만, 이 셋은 더 나아가서 도시뿐만 아니라 일반적으로 유럽적인 에토스의 계보를 형성해 내는 데에서도 큰 힘이 되었다고 보는 것이 베버의 견해이다.

유대의 예언가가 '주술로부터의 해방(Entzauberung)'에 큰 공헌을 하였다는 것은 널리 알려져 있는 사실이다. 본래 화산·지진·질병을 주관하는 신이었던 여호와(Yahwe)는 農耕을 주관하는 신이었던 바알(Baal)과 적대관계에 있었는데, 쌍방의 승려들 사이에 싸움이 벌어진 결과 여호와파가 승리하였으므로, 풍작을 기원하기 위하여 바알파가 사용하던 주술은 멸시를 받게 되었고, 여기에서부터 유대교에 특유한 반주술적 성격이 성립되었다는 것이다.

다음에 聖靈降臨의 기적은 민족종교로서 국집되어 있던 유대교를 세계적인 종교인 예수교로 발전시키는 데 있어 결정적인 의의를 가지게 된다. 철저하게 반주술적인 유대교가 풍부한 내면적 논리성을 가지고 있었음에도 불구하고 그것은 유대민민 본위의 성격을 버리지 못하였다., 더구나 捕囚期 이후부터 유대미족이 祭祀團體로서 존속할 수 있게 되자 그 종교성은 유대인에게 주어진 율법과 불가불리의 관계를 맺게 되었다.

다시 말하면, 유대교는 유대인만이 믿을 수 있는 '폐쇄

된 종교'였다. 그런데 이러한 민족적 속박으로부터 종교를
해방하여 모든 민족이 믿을 수 있는 '개방된 종교'를 만드
신 분이 예수였다.

福音에 나오는 '……라는 말을 너희가 들었으나 그러나
내가 너희에게 이르노니……'라는 식의 말씀은 종래의 전
통을 깨뜨려 버리고 세계종교로 발전한 예수교의 성격을
잘 말해 주고 있다.

그런데 예수교의 이러한 세계적 성격은 안티오케의 회
의에서 바울(Paulus)에 의하여 더욱 敷衍되었다. 예수교
는 본래 보편주의적이었지만, 예수님이 활동하신 곳은 유
대땅에 국한되어 있으므로 민족적 요소와 세계적 요소의
대결은 그 당시에는 그리 문제가 되지 않았다. 그런데 異
敎徒의 세계에 예수교를 전파시킬 사명을 지닌 바울에 이
르러 이러한 대결은 크게 문제가 되지 않을 수 없게 되었
다. 그리고 이러한 사정을 잘 말해 주고 있는 것이 안티오
케의 회의에서 행한 바울의 연설이었는데(갈라디아書 1장
2~11절 이하), 여기에선 그는 割禮를 하지 않은 이방인
과 식탁을 같이하는 것을 부끄럽게 생각한 베드로(Pet-
rus)를 비난하였음을 말하고, 그러고는 사람이 의롭다고
말하는 것은 율법 때문이 아니라 신앙 때문이라는 것을 천
명하였던 것이다.

이러한 반주술적인 정신이야말로 중세의 서양 도시에서
볼 수 있는 시민적 단결의 기초가 되었던 것이며, 근대 유

럽의 합리주의는 이러한 도시적 시민정신에 그 연원을 두
고 있는 것이라고 말할 수 있다. 그리고 이와 같이 근대
유럽에 있어서 에토스의 계보를 찾아 올라간다는 것이 바
로 '都市論'을 쓰게 된 베버의 동기였으리라고 생각되는 것
이다.

세계종교의 경제윤리

이와 같이 베버는 유대의 예언자에서 예수님과 바울을
거쳐 금욕적 프로테스탄트에 이르는 계열이 서양의 합리적
에토스의 중심선을 이룬다고 보았다. 그들은 모두 직접적
으로 세속생활의 합리화를 의도한 것은 아니었지만, 전통
과 呪術을 타파하고 '안으로부터'의 합리화의 길을 개척하
여 대중과 결합함으로써, 세속생활의 추진력이 될 만한 에
토스를 창조해 낼 수가 있었던 것이다. 그리고 이러한 것
에 관한 일련의 연구결과 베버는 '어째서 근대의 서양에서
만 합리적 자본주의가 생겨날 수 있었는가'라는 문제에 대
답할 수 있게 되었다.

그러나 과연 이것으로 충분하다고 할 수 있을 것인가.
그의 연구인 《프로테스탄트의 倫理와 資本主義의 精神》
은 위에서 본 바와 같은 유럽적인 에토스의 계보에 관한
신념에 입각하여, '프로테스탄트의 倫理'와 '資本主義의 정
신'이 親和性(Verwandtschaft)을 가지고 있다는 것을 증
명하였다. 그러나 인과귀속에 관한 그의 이론(제2장)에 의

하면 이것만으로는 불충분하고, 더 나아가서 '만일 프로테
스탄트의 윤리가 없었다고 할지라도 근대자본주의는 그것
이 실제로 있은 것과 본질적인 점에서 조금도 다르지 않은
경과를 밟았을 것인가'라는 '객관적 가능성 판단'을 거치지
않으면 안 된다.

그리고 이때 만일 그 대답이 '조금도 다르지 않은 경과
를 밟지는 못했을 것이다'라는 것이 된다면 이때에야 비로
소 '프로테스탄트의 倫理'의 인과적 적합도가 증명되게 된
다. 그런데 우리는 서양 근대의 역사에서 프로테스탄트의
윤리가 없는 경우를 직접적으로 검증할 수는 없으므로, 다
른 종교의 경제윤리가 유럽 이외의 문화권에서 해온 역할
을 알아봄으로써 간접적으로 이것을 검증할 수밖에 없다.

베버의 '세계종교의 경제윤리'는 이러한 웅대한 구상 밑
에서 집필되었던 것이다.

제2절 종교사회학의 카주이스틱

베버는 '프로테스탄트의 윤리'가 근대자본주의의 성립에 있어서 없어서는 안 되는 위대한 정신적 추진력이 되었다는 것을 증명하기 위하여 세계사적 규모를 가진 '실험'을 해보기로 하였다. 이것이 바로 그의 《宗教社會學論文集》 제1권 후반부터 제3권에 걸쳐서 게재된 '世界宗教의 經濟倫理'[1]였다. 그런데 이와 같이 대규모 비교를 하기 위하여는 먼저 그러한 '비교의 기준'이 확립되어 있어야 하므로 우선 그의 비교 기준의 카주이스틱부터 알아보기로 하자.[2]

㊟
1. '世界宗教의 經濟倫理'에 관한 자세한 문헌 소개는 제1장의 제3절을 참조할 것.
2. 宗教社會學의 카주이스틱은 《世界宗教의 經濟倫理》의 '서론' (RS. I. 237~275; Kröner 398~440.)과 '中間考察(RS. I. 536~573; Kröner 441~483.)'에도 있지만 《經濟와 社會》의 '종교사회학(W.u.G.245~381.)'에는 그것이 체계적으로 정리되어 있다.

합리적 예언과 모범적 예언

合理的 豫言(rational Prophetie)은 예언자가 신의 명을 받아 사람들에게 그 명령의 복종을 요구하는 경우를 말한다. 윤리적 예언(ethische P.) 또는 召命豫言(Sendungsprophetie)이라고도 한다.

이에 대하여 모범적 예언(exemplarische P.)은 — 佛陀에 있어서와 같이 — 해설의 모범을 보여 줄 뿐 직접 대중에 대하여 호소하지는 않는 것을 말한다(W.u.G.273).

합리적 예언과 모범적 예언은 모두 일상성을 초월한 '개인'의 체험을 통하여 씨족이나 주술의 전통을 타파하고 있으며, 이 점에 관한 한 그것들은 공통성을 가지고 있다.

그러나 모범적 예언은 그 성격상 인텔리겐차에게만 통할 수 있을 뿐이고, 일반 대중에게 침투해 들어갈 힘은 가지지 못하고 있다. 모범적 예언이 설파하는 종교는 소위 達人宗敎(Virtuosenreligiosität)는 될 수 있으나 大衆宗敎(Massenreligiosität)는 될 수가 없다.[1] 즉 모범적 예언의 뜻을 알아서 그것을 따라갈 수 있는 사람은 — 오랫동안 修道를 한 — 소수의 역량 있는 개인에게만 국한되며, 일반 대중은 여기에서 제외된다. 그 결과 일반 대중은 聖徒崇拜와 같은 주술적 성격의 구제 수단에 의하지 않을 수 없게 되며, 이리하여 그들은 점점 모범적 예언 그 자체로부터 멀리 떨어져 나가게 된다. 여기에 그 종교가 대중과 결합하기 위해서는 자연히 '비합리적'인 요소도 끌어들이지 않을 수 없게 되는데, 소승불교(또는 部派佛敎)가 일반 대중의 실정을 너무도 무시한 데 대하여 누구나 쉽게 접근할 수 있는 대승불교가 세속에 자기 자신을 적합시켜 나아가는 과정을 예로 들어 보면 이러한 사정은 곧 이해할 수 있다.

아미타불의 名號를 부르기만 하면 왕생극락을 한다는 淨土思想이라든가 관세음보살을 염함으로써 모든 재앙으로부터 구제를 받는다는 관음신앙 같은 것은 그 대표적인 예이다. 그것은 자칫 잘못하면 — 祈福佛敎에서 보는 바와 같이 — 주술적 신앙으로 흐르기가 쉬우며, 따라서 '세속생활의 합리화'는 더욱더 곤란하게 된다.

㊟
1. 達人宗敎와 大衆宗敎의 구별도 베버의 카주이스틱의 하나의 예가 된다. W.u.G. 327f. RS. I. 260. Kröner 423f.

이에 대하여 신의 뜻을 인민들에게 전하는 사명을 지니고 있는 합리적 예언은 처음부터 대중과 쉽게 접근할 수 있는 성격을 가지고 있다.

특히 유대교나 예수교는 본래 '庶民의 宗敎'로서 성립되었던 것이며, 따라서 그 유력한 담당자는 서민이었다. 베버는 예언이 가지고 있는 이러한 두 개의 유형을 구별하고, 이것을 가지고 동서의 종교를 비교하는 중요한 기준의 하나로 삼고 있다.

금욕과 신비주의

다음에는 구원을 찾는 태도에 따르는 구별이 문제가 된다. 물론 이러한 구별에 관하여는 儒敎와 같이 세속생활을 합리적으로 '개혁'하려고는 하지 않고, 다만 '世俗에로의 適合'만을 생각하고 있는 종교는 제외된다. 왜냐하면 여기에서는 영혼의 구제는 문제가 되지 않기 때문이다.

영혼의 구제에 관한 태도에 있어서는 금욕(Askese)과 신비주의(Mystik)라는 두 개의 이념형이 구별된다(W.u. G.329ff. RS. I. 538f. Kröner 443ff.).

금욕자나 神秘家는 모두 세속생활을 그것 자체로서는 긍정하지 않는다. 그들은 모두 彼岸的이요, 그러한 점에서 그들은 此岸的인 儒者와는 다르다. 이와 같이 그들은 모두 세속생활을 超克하고 피안에 도달하기를 원하고 있지만 피안적인 救濟財(Heilsgut)를 구하는 태도는 각각 같지 않다.

금욕자는 윤리적인 행위에 專念하여 그 행위가 신에 의하여 인도된다는 의식, 즉 자기가 신의 '道具(Werkzeug)'가 되어 있다는 의식 속에서 안심처를 찾으려고 한다.

이에 대하여 神秘家는 신과 일치해 있는 상태 속에서, 다시 말하면 자기가 신의 '容器(Gefäss)'가 되어 있다는 의식 속에서 구원을 찾으려고 한다. 금욕자는 신의 도구가 된다는 자각의 밑에서 오로지 '행위'에만 전념하기 때문에 활동적이지만, 신비가는 자신을 신의 容器라고 생각하고서 神人一致의 신비스러운 '상태'에만 들어가려고 하기 때문에 그는 명상적이다.[1][2]

㈜

1. 神秘家와 禁慾者의 對比는 논문 ≪프로테스탄트의 倫理≫에서도 취급된 일이 있다. '老鍊한 종교가가 자기의 구원을 확인할 수 있는 방법은, 자기 스스로가 신의 容器라고 느끼든가 아니면 그의 도구라고 느끼든가 양자택일이다. 첫째의 경우에는 그의 종교생활이 신비주의적인 감정생활로 기우는 데 반하여 둘째의 경우에는 금욕적 행위로 기운다. 루터는 첫째의 유형에 접근했고, 캘비니즘은 둘째의 유형에 속했던 것이다(RS. I. 108. 여기의 번역은 權 · 姜 한역본 79쪽에 의하였음)'.

2. 儒教가 전적으로 此岸的이라는 해석은 朱子 이후의 儒學에 대하여 한 말일 것이다. 周易 繫辭에 나타난 공자님의 사상에는 神人一致의 경지를 말씀하신 대목이 허다하게 나타나 있음을 주의할 필요가 있다. 공자님의 이러한 종교사상은 漢代 이후 점차 망각되어 宋代에 이르러 유교는 완전히 하나의 학문, 즉 儒學이 되었던 것인데 베버는 이와 같이 변질된 유학만을 말하고 있는 것이 아닐까 생각된다.

금욕과 신비주의라는 두 개의 유형을 가지고 베버는 아시아의 종교와 유럽의 종교를 대비하는 중요한 기준으로 삼으려고 하였다. 명상적 신비가는 '遁世(Weltflucht)'의 경향으로 흐르기가 쉽다. 이에 대하여 금욕자는 — 비록 현세 그 자체에 대하여 가치를 인정하지는 않지만 — 신비가와 같이 명상에 빠지는 일은 하지 않고 현세 내에서의 활동 그 자체에 대하여 높은 가치를 인정하고 있다.

특히, 금욕이 '現世內的 禁慾(innerweltliche Askese)'이 되는 경우에는 신앙생활이 그대로 세속생활의 합리화를 추진시키는 데 있어서 강한 힘을 발휘할 수 있다는 것은 이미 금욕적 프로테스탄트의 例에서 본 바와 같다. 이러한

금욕자의 합리적 행위를 神秘家측에서는 일종의 '墮落'이라
고 볼 것이다.

　그러나 이에 대하여 금욕자는 도리어 신비가의 명상을
가리켜 게으르고 비생산적인 자기 만족에 지나지 않는다고
비난할 것이다. 하여튼 신비적 색채를 띤 救濟宗敎(Erlö-
sungsreligiosität)는 현세의 사회질서를 그대로 겸허하
게 받아들임으로써 전통주의에 빠지고 사회의 정체화와 결
부되기 쉬운 데 반하여, 금욕적 특징을 가지고 있는 종교
는 세속생활과 현세적 질서를 합리적으로 혁신하는 힘을
가지고 있다고 볼 수 있다. 베버는 아시아의 종교는 대체
로 신비주의적이고, 유럽의 종교는 ― 가톨릭의 修道僧이
가지고 있는 종교의식과 같이 중간적인 것도 있기는 하지
만 ― 대체로 금욕적이라고 보는 지극히 대담한 類型化를
행하였던 것이다(W.u.G.324).

사회층과 종교의식

　종교사회학의 카주이스틱 중에서 또 하나 중요한 것은
사회층과 종교의식에 관한 것이다. 그리고 이와 같이 사회
층의 개념을 가지고 종교와 사회의 문제를 해명하려고 한
점에서 베버의 위대성은 나타나 있다고 볼 수가 있다.

　종교에 고유한 내적 성격은 그 종교를 주로 담당하는 사
회층을 매개로 하여 사회생활 전반에 영향을 미치는 동시
에, 그러한 종교를 주로 담당하는 사회층이 어떠한 사회적

지위를 차지하고 있는가에 따라 그 종교의 '경제윤리'가 규
정된다. 그러므로 사회층은 종교와 사회생활의 사이에 끼
여 있는 中間項이라고 볼 수 있으며, 따라서 우리는 이러
한 사회층의 개념을 통하여 종교가 사회생활에 미치는 영
향과 사회생활이 종교에 미치는 영향을 모두 구명해 낼 수
있다.

'사회층과 종교'에 관한 카주이스틱이 베버의 종교사회학
에 있어서 참으로 중요한 의의를 가지게 되는 이유는 이것
으로써 충분히 이해할 수가 있을 것이다.

베버는 사회층과 종교에 관한 카주이스틱을 다음과 같이
전개하고 있다(W.u.G. 285~314. §7. Stände, Klas-
sen und Religion; RS. I. 251~257; Kröner 413~4
21.).

① 인텔리겐차의 종교의식의 특징은 종교를 주술적인
것으로부터 해방하여 구제종교에까지 승화시키는 동시에
체계적으로 합리화된 세계상을 그림으로써 세계의 '의미'를
알아내려는 데 있다. 그러므로 인텔리겐차의 종교에 있어
서는 '구제종교에로의 승화'와 '형이상학의 건설'은 불가불
리의 관계에 있다.

이러한 인텔리겐차의 종교에 대하여는 실제적 행동인의
종교를 생각할 수 있는데, 이에는 또다시 다음과 같은 몇
가지가 구별된다.

② 승려계급은 종교적인 의식이나 성스러운 지식, 구제

에 관한 여러 가지 수단 같은 것을 독점하려고 하므로, 승려의 손을 거치지 않은 개인적인 구제획득의 노력이나 자유로운 섹트(Sekt)의 형성 같은 것에 대해서는 극단적으로 적대시하는 태도를 취한다.

③ 관료층은 이미 만들어 놓은 지배적 질서를 그대로 안전하게 유지하는 것만을 최고의 가치로 인정하는 냉정한 합리주의자이므로, 救濟라든가 또는 초월자에 근거를 둔 윤리관 같은 것에는 흥미를 가지지 않는다.

따라서 자연히 그들의 종교는 기존의 정치적 질서와 현세적인 도덕의 체계에 맞는 것이 되지 않을 수 없다. 그러므로 그들은 비합리적이고 신비주의적인 민간종교에 자신이 휩쓸려 들어가는 것을 경계하지만, 백성을 통치하고 馴致하는 수단으로서 필요하다면 그들도 그러한 민간신앙을 용인할 아량은 가지고 있다.

④ 武士階級은 철저하게 현세적이므로 신비주의라든가 '죄의 의식' '救濟의 요구' 같은 것을 멸시한다. 그럼에도 불구하고 그들은 현실을 합리적으로 이해하려고는 하지 않고 도리어 비합리적인 '운명' 같은 것을 믿기가 쉽다.

⑤ 농민의 생활은 특히 자연과 밀접한 관계가 있으므로 自然力을 지배하기 위한 주술이라든가 자연의 생명력과 합일하기 위한 오르기(Orgie)[1]에 빠지기가 쉽다.

㈜
1. 베버는 엑스타제(Ekstase), 즉 神人一致의 恍惚境에 도달하는 방

법에 둘을 구별하여 痲藥을 쓰든가 격렬한 근육운동 또는 性行爲의 방법을 쓰는 경우를 '오르기'라고 부르고, 경건한 修道나 엄격한 도덕적 행위에 의하는 경우를 오이포리(Euphorie)라고 부르고 있다(W.u.G.325).

⑥ 시민의 종교의식의 특징은 한 마디로 단정을 내리기는 곤란하다. 그러나 대체로 그들은 생활양식의 실천적 합리주의와 윤리적·합리적인 생활규칙을 만들어 내는 방향으로 쏠리기 쉽다는 것만은 말할 수 있을 것이다. 그런데 이러한 시민의 종교의식은 오늘의 유럽 문명을 건설하는 데 있어서 가장 중요한 역할을 하였던 것이다.

왜냐하면, 유대교나 예수교는 모두 도시의 종교이며 그것들을 담당한 사회층은 바로 도시의 시민이었기 때문이다.

종교사회학의 카주이스틱의 소개는 이 정도로 그치고 다음에는 이러한 기준에 입각하여 베버가 이해한 세계종교를 ① 儒敎와 道敎, ② 힌두교와 불교, ③ 고대유대교의 순서로 알아보기로 하자.

제3절 유교와 도교

중국에도 합리주의가 없었던 것은 아니다. 근대 유럽에 있어서와 같이 철저하지는 못하였지만, 어디까지나 현세적이었다는 점에서 중국에도 '目的合理的'인 요소는 상당히 많이 있었다. 그러나 반면에 '價値合理的'인 면은 참으로 미약하였고, 카리스마에 이르러서는 거의 없다시피 되어 있는 것이 또한 중국이었다.

물론 카리스마도 전혀 없었던 것은 아니지만, 그것은 이미 일상화되어 생기를 잃어버린 세습 카리스마 또는 관직 카리스마 정도에 지나지 않았다. 秦漢의 통일로부터 淸朝에 이르는 중국 2천 년의 역사는 뿌리 깊이 박혀 있는 전통주의의 에토스가 지배한 역사였다. 그리고 이러한 에토스를 베버는 유교와 도교와 관련해서 이해하려고 하는 것이다.

유교의 도교에 관한 베버의 문헌은 이미 제1장, 제3장(종교사회학)에서 자세히 소개하였다. 《종교사회학》 제1권 (RS. I. 276~536.)에 실려 있는 '유교와 도교'는 다음과 같은 내용을 포함하고 있다.

 1. 都市・諸侯・神

2. 封建國家와 프뢴데國家
3. 行政과 農業體制
4. 自治行政・法・資本主義
5. 讀書人身分階級
6. 儒敎的 生活方向
7. 正統說과 異端說
8. 儒敎와 프로테스탄티즘

이 중에서 1~4는 家産制國家로서의 중국 사회에 관한 연구가 되는 것이고, 5 이하가 유교와 도교에 관한 것을 주로 다룬 것이라고 볼 수 있다. 그 중에서도 여기에서의 우리의 논제와 가장 깊은 관계가 있는 것은 5 讀書人身分階級(Der Literatenstand)이며, Gerth and Mills, From Max Weber. 1958.의 Chap. XⅦ. The Chinese Literati.(pp. 416~444)는 바로 이 부분만을 영역한 것이다.

중국 사회의 이원적 구조

베버는 중국의 사회를 이해함에 있어서 다음과 같은 二元的 구조에 주목한다. 즉 그 하나는 비록 견고하게 꾸며져 있기는 하지만, 백성들의 실제 생활과는 떨어져 있는 정치적 상부구조이고, 다른 하나는 비록 정치적 권력은 가지지 못하였지만, 도시와 농촌에서 뿌리 깊은 세력을 가지고 있는 自治組織이다.

우선 첫째로 정치적 상부구조에 관하여 말한다면, 중국의 지배기구는 秦漢의 통일로부터 淸朝에 이르기까지 거의 이렇다 할 변동 없이 동일한 구조를 가지고 전해 내려왔으며, 그 동안에 이러한 전통적 지배체제를 그대로 유지하기 위하여 그들은 갖은 노력을 다 기울였다.

중국의 황제는 '天子'라고도 부르지만, 이것은 天의 질서와 백성을 仲介하는 '최상의 可教(Oberpontifex)'가 곧 중국의 황제라는 것을 의미하는 것이다. 그러므로 이러한 天子의 통치 밑에 있는 국가는 신성한 성격과 구조를 가지게 되며, 따라서 祭政은 一致하게 된다. 이와 같이 현실에 있어서의 정치체계가 곧 天意의 반영이라고 생각하고, 신성한 전통적 질서에 적합하기 위한 의례가 곧 天子의 제사라고 믿어 왔기 때문에 — 비록 정권의 교체는 있었지만 — 이러한 전통적 지배체제 그 자체에 반항하는 혁명적 에토스는 생겨날 여지가 없었던 것이다. 중국 고대로부터 있어 온 '易姓革命'의 정치사상은 天命을 어긴 그릇된 정권을 몰아내기 위한 사상은 되지만, 수천년을 내려온 정치체제 그 자체를 변혁하자는 사상은 아니었던 것임을 주의할 필요가 있다.

마찬가지로 중국의 官人(Mandarin)들도 역시 전통주의적이다. 우리는 이미 중국이 전형적인 가산관료제의 국가였음을 보았지만(제4장 제5절), 중국의 관인은 이러한 가산관료제 국가의 관료였기 때문에, 그들은 다만 개인적 자격에서 등용된 독서인에 지나지 않을 뿐이고, 행정에 관하여는 아무런 전문적 지식도 가지지 못하였다. 그렇기 때

문에 그들이 주동이 되어 행정의 합리화를 꾀한다는 것은
처음부터 말이 되지 아니하였다. 뿐만 아니라 官人의 임기
는 짧았고, 그들은 자주 轉勤을 해야 했기 때문에 자연히
그들은 짧은 기간 동안에 되도록이면 많은 소득을 얻어 보
려고 하였다. 따라서 자유롭게 이러한 소득(手數料프륀데)
을 거두어 들일 수 있게 되어 있는 종래의 전통적 지배체
제를 그들은 조금도 개혁해야 할 필요를 느끼지 아니하였
다.

중국의 관인은 훌륭한 독서인이고 인텔리겐차였지만, 이
와 같은 이유로 인해 그들의 지식은 현실생활의 합리화를
위해는 조금도 활용되지 않았던 것이다.

이러한 정치기구와는 별도로 촌락과 길드(Gilde)에는
강력한 자치조직이 있었는데, 본래 같으면 국가행정이 담
당해야 할 경찰·위생·교육 등의 사무를 여기에서 자치적
으로 해 나갔던 것이다. 그리고 이러한 자치조직에서 중요
한 역할을 담당한 것은 종족적 결합(Sippenverband)이
었는데, 이것은 조상을 공동으로 한다는 신념에서 맺어진
혈연적 결합이었다. 특히 농촌에서는 여기에 주술적 신앙
이 깊게 뿌리박고 있었으므로, 그들 역시 철저하게 전통주
의적인 동시에 비합리적이었던 것이다.

중국의 종교
중국의 종교는 중국 사회의 이와 같은 이원적 구조 밑에

서만 정당하게 파악될 수 있다. 즉, 관인을 중심으로 한 지배층의 이데올로기를 대변한 것은 유교였고 민간신앙으로서 전해 내려온 것은 도교였지만, 이 둘 모두 전통주의적 성격이 강하다는 점에서는 일치되어 있다.

유교의 현실주의

유교를 담당하는 사회층은 '독서인'이다. 즉, 시민이 아니라 관료층이다. 우리는 앞에서 '종교 사회학의 카주이스틱'을 소개하는 자리에서 관료층의 종교는 현세적이라고 말하였지만 유교가 바로 여기에 해당하는 것이었으며, 그것은 종교라기보다는 윤리와 儀禮의 체계요, 실천적 교훈의 集積이라고 보아서 마땅하다고 할 정도이다. 유교에 있어서는 초월적 존재에 언급되는 일은 거의 없고, 따라서 죄와 救濟의 문제는 생겨나지 않는다.[1]

물론 유교에도 '天'의 사상은 있어서 초월적인 것이 도무지 인정되지 않은 것은 아니지만, 그러나 성스러운 전통을 따르는 것이 곧 天意에 어긋나지 않는 길이라고 생각되었기 때문에, 초월적인 것과 현세적인 것 사이의 모순 같은 것은 도무지 의식되지 아니하였다.

그러므로 유교의 기본적 태도는 결코 現世否定(Weltablehnung)도 아니고 遁世(Weltflucht)도 아니며, 그것은 어디까지나 '세속에로의 적합(Weltanpassung)'이었던 것이다.

㈜

1 앞에서도 말한 바 있지만 周易 繫辭 上下에 나타난 공자님의 사상
에는 초월적인 것에 대한 특유한 태도가 표명되어 있다. 즉, 초월
적인 것에 대한 깊은 통찰을 거친 다음에 현실을 모두 그것의 象,
즉 象徵이라고 보고, 그리고 이러한 象을 통하여 인정될 수 있는
초월자의 뜻에 맞추어 정치는 운영되어야 한다는 것이 繫辭의 취
지이다. 그러므로 여기에서는 '世俗에로의 適合'이 아니라 반대로
'초월적인 것에로의 世俗의 適合'이 생각되어 있는 것이다. 그러나
繫辭 속에 나타난 공자님의 이러한 깊은 종교적 면은 漢 이후부터
는 깨끗이 망각되었고, 송의 程朱學에 이르러 그것은 단순한 하나
의 形而上學이 되고 말았다. 그러므로 유교에 대한 베버의 해석은
秦漢 이후의 史實에 대하는 한도 안에서만 수긍될 수 있는 것이
다.

유교의 합리주의

유교에는 또한 다분히 합리주의적인 면이 내포되어 있
다. 물론 그 합리주의라는 것이 어디까지나 전통주의와 결
합되어 있었던 관계로 근대 유럽의 그것과 같이 현세생활
을 적극적으로 합리화하는 방향으로 움직이지 않았을 뿐이
다. 베버는 그의 ≪유교와 도교≫의 끝 章에서 유교의 합
리주의를 ① 呪術로부터의 해방의 정도 ② 생활의 체계적
통일성의 정도 ③ 對人關係에 있어서 전통적 구속을 제거
하는 정도라는 세 가지 관점에서 금욕적 프로테스탄트의
합리주의와 비교하고 있다. 이제 그것들을 차례로 알아보
기로 하자.

주술로부터의 해방

유교에도 철저하게 魔的인 것을 반대하는 합리주의의 면이 있다. '怪力과 亂神을 말하지 않는다(不語怪力亂神)', 또는 '鬼神은 이것을 敬遠한다(鬼神敬而遠之)'라는 말이 있는 것은 이러한 사정을 말하여 주고 있다. 그러나 이러한 말들에서 우리가 주의하지 않으면 안 되는 것은, 그것들은 결코 魔的 존재 그 자체를 부인하는 것이 아니라 다만 君子의 생활방침으로서 그러한 것들을 무시해야 한다고 말하여져 있을 뿐이라는 것이다.

부정하는 것이 아니라 무시하는 것이다. 그러므로 이것은 마적인 존재 그 자체를 처음부터 부인하는 프로테스탄트의 태도에 비하여 퍽 불철저한 것이라 할 수 있으며, 따라서 그 '주술로부터의 해방(Entzauberung)'의 정도도 그만큼 낮은 것이라고 볼 수밖에 없다.

그러면 중국에서는 어째서 이처럼 그 '엔트차우베룽'의 정도가 낮았던가. 이에 관하여 베버는 참으로 흥미있는 생각을 가지고 있었는데, 그에 의하면 중국의 官人들은 天子에게 좋은 정치를 하게 하는 한편 그의 자의를 방지하기 위하여 이러한 주술적 요소를 남겨 두기로 하였다는 것이다. 즉 유교에는 怪力亂神은 군자의 덕 앞에서는 무력하다는 사상이 있었지만, 반면에 군자가 한번 失德을 하고 특히 君主가 背德的인 행동을 하는 경우에는 여기에 천벌이 내려져 백성에게 재앙이 미친다는 사상이 또한 사라지지 않았다.

다시 말하면, 비합리적인 '힘'이 현세적 질서에 개입할
수 있는 가능성을 부인하지는 않았던 것이다. 그런데 이러
한 신념은 황제의 자의를 견제하는 데는 참으로 효과적이
었다. 즉 家産國家의 일반적인 예에 있어서와 마찬가지로
중국의 天子도 관인들의 위에서는 절대적 존재였지만, 그
러나 그는 '백성의 소리'에 대하여는 항상 신경을 쓰지 않
으면 안 되었다. 그렇기 때문에 그의 정치가 잘못되어 天
變地異가 일어나고 백성의 원성이 높아졌다고 관인들이 협
박하면 중국의 천자는 이것을 가장 무서워하였다.

이러한 관계로 천자의 폭정을 억제하는 한편 인민을 전
통적 생활태도에 붙들어 매어 놓기 위하여 중국의 관인들
은 주술적 요소를 남겨 놓기로 하였으며, 따라서 주술적인
道敎가 유교를 신봉하는 관인의 손에 의하여 근절되지 않
고 그대로 존속할 수 있었던 것이다. 즉 유교의 합리주의
는 도교의 주술적 태도를 멸시하면서도 그것을 전면적으로
배척하지는 않았던 것이다.

생활의 체계적 통일성

일반으로 신분적 윤리(ständische Ethik)에는 특권계
급의 신분을 가진 자가 자기네들의 높은 지위에 알맞는 생
활양식과 몸가짐을 요구하는 특색을 가지고 있지만 유교의
윤리도 이러한 의미에서 하나의 신분적 윤리였다. 즉 군자
는 감정을 억제하고, 우아하고도 엄숙한 몸가짐을 하고,

그리고 침착하고도 균형이 잡힌 예절을 몸에 지니고 있어
야만 지배자다운 카리스마를 증명할 수 있다고 생각되었
다.

그러므로 어떤 전문적 분야에서 뛰어난 점이 있다고 할
지라도 전면적으로 조화된 인격을 가지지 못하는 경우에는
그를 군자라고 부를 수는 없다. 그렇기 때문에 베버는 유교
윤리의 핵심이 되는 명제로서 ≪論語≫ 爲政篇에 있는 '君
子는 그릇이 아니다(君子不器 Ein Vornehmer ist kein
Werkzeug.)'라는 말을 들고 있는 것이다(RS. I. 449,
532; W.u.G. 618). 그리고 이렇게 보는 한 유교적 생활
에도 체계적 통일성은 갖추어져 있다고 볼 수 있다.

그러나 그럼에도 불구하고 — 베버가 보는 바에 의하면
— 이러한 체계성은 어디까지나 성스러운 전통과 현세적
질서에 적합하기 위한 체계성, 다시 말하면 '밖으로의 適合
(Anpassung nach aussen hin)'을 위한 체계성이었으
므로, 그것이 아무리 '유용한 성질의 결합'이라 할지라도,
'안으로부터(von innen heraus)'의 통일성을 가져오지는
못하는 것이었다. '세속의 속에서(in der Welt)' 사는 것
과 '세속을 따라서(von der Welt)' 사는 것은 구별되어야
한다. 초월적인 것과의 직접적인 관련을 통하여 '안으로부
터'의 통일성을 가짐이 없이 그저 '세속을 따라서' 사는 경
우에는 '밖으로의 適合'만을 위주로 하는 전통주의적 생활
태도는 생겨나지만, 인격적 통일체로부터 밖으로 작용하여

현세적 질서를 개혁하려는 합리적 태도는 생겨날 수가 없는 것이다.

이러한 점에서 유교의 합리주의는 역시 '세속의 안에서' 살면서도 '세속을 따라서' 살지는 않는 금욕적 프로테스탄트의 합리주의에 비하여 그 정도가 훨씬 낮다고 보지 않을 수 없다.

이 점에 관해서도 역시 우리는 베버의 견해에 어떤 한계를 두지 않으면 안 된다. 그는 '안으로부터의 통일'과 '밖으로의 適合'을 구별하고, 유교에는 '안으로부터의 통일'의 면은 전혀 없는 것처럼 말하고 있다. 그러나 이러한 의견은 朱子學에 대하여는 타당하지만 繫辭에 나타난 공자님의 사상에 대하여는 맞지 않는 것이다. 여기에서의 공자님은 물론 '밖으로의 適合'에도 큰 관심을 가지셨지만, 반면에 老子에 못지않게 '안으로부터의 통일'도 강조하셨던 것이다. 繫辭에 나타난 공자님의 사상이 老莊子의 사상과 합하여 三玄學이 되었다가 나중에 중국에 대승불교가 들어오자 이 三玄學은 곧 華嚴學·法華學으로 발전하였고, 또한 그것이 중국식인 신의 원리와 직결되었다는 史實을 우리는 잊어서는 안 된다.

대인관계에 있어서의 전통적 구속의 제거

본래 家産制는 家父長制를 확대한 것이다. 그렇기 때문에 베버는 家産官僚制를 家父長的 家産制라고도 부르는 것

이다. 따라서 여기에서는 '君師父一體'라는 말과도 같이 君
臣의 관계는 부자의 관계에서 類推하여 이해되었고, 따라
서 국가와 사회의 모든 관계는 부자·형제와 같은 자연적
유기적 관계의 연장이라고 보았던 것이다. 이리하여 이미
'주어져 있는' 전통적 생활관계에 敬虔한 마음을 가지고 따
라가고 또한 그것을 지키는 것이 최고의 도덕이라고 생각
되었는데, 儒教倫理의 기본인 '忠'과 '孝'는 이리하여 생겨
났던 것이다.

이에 대하여 '전통의 신성함을 전혀 부인'하는 것이 금욕
적 프로테스탄티즘 윤리의 특색이라는 것은 이미 여러 차
례 설명한 바와 같다. 여기에서는 사람을 따라 윤리적 행
위의 내용을 달리하는 유교식인 개별주의와는 반대로, '정
직은 가장 좋은 정책이다'라는 하나의 윤리규준만을 가지
고 모든 대인관계에 임하려는 보편주의가 나타나 있으며
이 점에서도 프로테스탄티즘의 윤리는 유교의 그것보다 합
리적인 것이다.

베버의 결론

베버는 18세기에 있어서의 淸朝의 興隆에 많은 관심을
표명하고 있다. 즉 그가 분석한 당시의 중국의 정치적·경
제적인 사정에는 같은 시대의 서양에 비해 자본주의의 성
립을 위해 퍽 유리한 조건이 많이 있었다. 즉 오랫동안 평
화가 계속되었고, 稅制는 확립되었으며, 부역·교통·이

주·직업·가옥소유·생산 등에 관한 종래의 가혹한 통제도 철폐되었으므로, 귀금속은 증가하고 인구도 늘었고, 그간에 중국인의 영리욕도 충분히 발휘될 수 있었다.

그럼에도 불구하고 끝내 근대 유럽에서 있었던 것과 같은 합리적 자본주의가 발생하지 못했던 것은, 전통적 주술적 제약을 충분히 타파하지 못한 유교의 '경제윤리'에 그 결정적인 책임이 있었다고 베버는 보고 있다.

제4절 힌두교와 불교

인도와 자본주의

중국에 있어서와 마찬가지로, 인도에 있어서도 자본주의의 발달을 위한 많은 조건이 갖추어져 있었다. 즉 인도에서도 일찍부터 상업과 금융업이 발달하였고, 국가재정을 중심으로 한 공업과 租稅請負業도 서양에 못지않게 발달되어 있었다. 그리고 수학과 文法學(因明學)을 포함한 합리적인 여러 과학은 갈릴레이 이전의 서양의 수준에 도달해 있었고, 종교와 철학에 있어서는 세계 어느 때의 어느 나라보다도 절대적인 자유가 인정되어 있었다.

또한 인도의 법이 자본주의의 성립에 대하여 유리한 정도는 중세 말기의 서양의 그것과 같은 정도였다. 뿐만 아니라 수공업의 발달과 직업의 전문화는 다른 나라의 比가 아닐 정도였고, 그리고 인도 사람의 영리욕에 있어서는 天下無比라 할 만큼 그것은 철저한 것이었다.

이와 같이 자본주의가 뿌리를 박을 수 있는 조건은 거의 다 구비되어 있었음에도 불구하고 끝끝내 인도에는 자본주의가 생겨나지 않았고, 그리고 서양에서 자본주의가 도입된 이후에도 그것은 이 땅에서 좋은 성과를 나타내지 못하고 있다. 물론 그 원인은 여러 가지가 있을 것이지만, 이

에 관하여 베버는 '인도의 종교성이 어떠한 형식으로 이에
관여하였는가'라는 점에 중점을 두고서 이 문제를 고찰하
기로 하였다.

베버는 곧 계속하여 '인도의 종교성은 힌두교의 형식으로
나타나 있다'라고 말하였다(RS.Ⅱ. 4.). 이 점을 우리는 주
의할 필요가 있다. 인도의 종교에 관한 베버의 연구는 (제1
장 제3절의 '종교사회학'의 項에서 자세히 그 문헌을 소개한
바와 같이) Hinduismus und Buddhismus(RS.Ⅱ.)라고
되어 있다. 그리고 이러한 제목에서 곧 우리가 연상하는 것
은 아마 베버는 불교에 중점을 두었으리라는 것이다. 그러
나 실제로 그가 관심을 가졌던 것은 어째서 인도에 자본주
의가 발생하지 못하였는가에 있었던 것이므로, 이러한 관심
에서 본다면 그는 도리어 힌두교에 중점을 두지 않을 수 없
었던 것이다. 왜냐하면 다음의 통계에 나타나 있는 바와 같
이, 미얀마·타이 등과는 달리 인도에는 힌두교가 불교를
압도하고 있기 때문이다. 그는 계속하여 1911년 '인도 國勢
調査表'에 나타난 종교별 신자수의 통계를 소개하였다. 그
것은 다음 페이지와 같다.

그리고 이와 같이 외견상으로 불교도는 약 천만 명 정도
나 있는 것으로 되어 있으나, 그 대부분은 미얀마(제2차 세
계대전 이후에 독립하기까지의 미얀마는 인도의 일부분으로
취급되었음을 주의하라)와 티벳 근방에 있으며, 인도 내륙
에는 겨우 30만에 지나지 않는다는 것을 베버는 강조하고
있다. 이러한 관계로 그는 주로 힌두교의 문제를 다루고 있

는 것이다.

종 교 명		신자수(단위:만)	%
힌두교		21,750	69.39
이슬람교		6,660	21.26
자이나교		1,200	3.44
예수교 · 기타		1,029	3.28
시크교		300	0.86
불교	미얀마 포함	1,070	3.42
	미얀마 제외	30	0.09

베버의 관점

그러면 인도의 종교성은 어떻게 인도 사회에 작용하여, 여기에서 합리적 자본주의가 발생할 수 없도록 만들었던 것인가. 베버는 그의 논문 ≪힌두교와 불교≫에서 다각도로 이 문제를 다루었지만, 그가 들고 있는 이유를 요약하면 다음의 두 가지가 될 수 있다.

① 인도 사회의 고질이 되어 있는 카스트는 주술과 전통주의를 벗어날 수 없게 만들고 있으며, 따라서 그것은 합리주의와는 상극이 되어 있다는 것과 ② 인도의 종교를 담당하는 사회층은 인텔리겐차이고, 인텔리겐차의 救濟目標는 해탈에 있으므로, 따라서 그들의 知的 노력은 遁世에 있었다는 것이다. 이제 이 점을 차례로 생각해 보기로 하자.

카스트

인도에는 옛날부터 ① 승려계급인 '브라만(Brahman)' ② 정치적 활동과 기사적 무용행위를 담당하는 '크샤트리아(Kshatriya)' ③ 農工商을 일삼는 '바이샤(Vaisya)' ④ 가장 천민이고 노예인 '수드라(Sudra)'의 4姓 계급이 있으며, 인도 사회라고 하면 곧 이러한 카스트제도(Caste system)를 연상할 정도로 그것이 철저하다는 것은 이미 널리 알려져 있는 사실이다. 그런데 베버는 먼저 인도 사회의 합리화를 방해하는 가장 중요한 원인으로서 이 카스트제도를 들고 있다.

베버의 카주이스틱에 의하면, 카스트(Kaste)는 신분의 일종이다(W.u.G.536). 즉 카스트의 구분이 '社會的 評價와 '생활양식'을 기준으로 하고 있는 이상 그것은 신분에 속하는 것이라고 볼 수 있다. 그러나 카스트에는 이밖에도 보통 신분에는 없는 것이 포함되어 있다. 가령 最下賤한 수드라는 하도 不淨하기 때문에 고귀한 카스트의 사람과 접촉하는 것은 고사하고 그를 눈으로 바라보는 것조차 금지되는 정도였으며, 이와 같이 사회적 평가나 생활양식 외에 종교적인 淨·不淨의 관념과 이에 따르는 의식상의 규칙이 모두 특이하였으므로 카스트에는 단순한 신분 이상의 것이 관련되어 있었던 것이다.

이러한 네 개의 카스트 중에서 힌두교를 담당한 사회층은 — 유교에 있어서와 같은 관인(이를테면 크샤트리아)도 아니고, 또한 예수교에 있어서와 같은 시민(이를테면 바이

샤)도 아니며 — 사회의 최상층에 있는 승려계급인 브라만
이었다. 그러한 관계로 힌두교의 사회윤리는 자연히 브라
만 계급의 특권적 지위를 옹호하기에 알맞은 내용을 가지
게 되었다. 종교사회학의 카주이스틱에서 이미 소개한 바
와 같이, 승려계급은 종교적인 의식이나 教理, 구제수단
같은 것을 모두 독점하려는 경향을 가지고 있는데, 인도의
브라만 또한 마찬가지로 '구제기관'이나 의식을 모두 독점
할 뿐만 아니라, 세속 생활의 구석구석에 이르기까지 침투
되어 있는 주술적 체계의 정점에 앉아서 이것을 총체적으
로 지배하고 있었던 것이다.

　이리하여 인도 사회에는 뺄 수 없이 완고한 전통주의가
깊이 뿌리박고 있었는데, 이러한 전통주의의 정신적 지주
가 된 것은 業(Karma)과 輪廻(Samsara)의 사상이었다.
이것은 辨神論(Theodizee)에 속하는 사상으로서, 즉 '이
세상에는 어째서 惡이 존재하는가' 또는 '善人이 반드시 행
복해지지 않고 惡人이 반드시 불행해지지 않는 것은 어째
서인가'라는 문제에 대한 해답으로서 주장된 것이다(W.u.
G. 318). 즉 개인이 현세에서 차지하는 地位는 그의 前生
의 業의 果로서 나타난 것이므로 따라서 수드라와 같은 下
層 카스트에 속하는 사람은 이러한 사회관계에 불평을 해
서는 안 되고, 도리어 현세에서 좋은 일을 많이 함으로써
내세에 좋은 카스트에 태어나도록 노력하지 않으면 안 된
다는 것이다.

다시 말하면, 前生의 業으로 말미암아 현세에서 나쁜 카스트에 태어난 사람은 이러한 현세의 생활을 좋은 것으로 만들기 위하여 외람된 생각을 해서는 안 되고, 다만 현세의 질서를 그것으로써 감수하여 자기 카스트의 의무를 충실히 이행함으로써 내세에서나 좋은 생활을 할 수 있도록 희망을 가지라는 것이다. 그리고 바로 여기에 힌두교의 철저한 전통주의는 뿌리박고 있으며, 이러한 에토스 속에서 18세기의 서양에서 본 바와 같은 혁명적인 인권사상이 도저히 나올 수가 없었던 것이다.

遁世

그런데 輪廻에 대한 인도 사람들의 생각에 의하면, 그 과정은 내세에 이르러 끝나는 것이 아니라, 사실은 생각만 해도 머리가 아플 정도로 윤회의 과정은 무한히 계속되는 것이었다. 그런데 이때에 요령이 좋은 인텔리겐차는 과연 이와 같은 끝없는 遍歷을 간단히 끝내 버리는 방법은 없을까 생각하였고, 그래서 취해진 길이 바로 遁世(Weltflucht)였다. 즉 우리가 여러 생에 걸쳐서 윤회하는 것은 業 때문이므로, 따라서 세속을 버리고 새로운 業을 짓지 않으면 자연히 윤회의 쇠사슬에서 벗어날 수 있다는 것이다.

그러므로 인도의 인텔리겐차가 가지고 있는 救齊論의 기본 성격은, 프로테스탄트에 있어서와 같은 現世內的 禁慾도 아니고, 유교에 있어서와 같은 세속에로의 적합도 아

니며, 그것은 어디까지나 遁世的이었던 것이다. 그리고 이
와 같은 둔세적 태도에 합리적인 현실개조가 이루어질 수
없음은 당연한 일이라 하지 않을 수 없다.

제5절 고대유대교

문제점

고대 유대의 종교는 예수님, 바울, 중세 가톨릭을 거쳐 프로테스탄티즘에 이르는 유럽적 에토스의 始端에 처해 있으므로, 어떠한 의미에서는 '자본주의의 정신'의 源流를 이룬다고도 볼 수 있다. 그러나 그럼에도 불구하고 고대 유대교는 자본주의적 합리주의와는 용납될 수 없는 요소를 내포하고 있었다.

그래서 베버는 자기의 연구과제로서 다음과 같은 두 개의 문제를 내세우고 있다. 그 하나는 고대 유대교는 어떠한 의미에서 근대 유럽의, 특히 합리주의의, 에토스의 系譜에 있어서 그 源流가 된다고 볼 수 있는가. 그리고 그 둘은, 고대 유대교는 그 철저한 합리주의에도 불구하고 어째서 자본주의의 정신을 용납할 수 없었는가. 그러면 이러한 문제에 대하여 베버는 어떠한 결론을 내렸는가를 알아보기로 한다.

고대 유대교에 관한 문헌은 이미 제1장 제3절(宗敎社會學)에서 소개하였다. 그리고 Gerth and Martindale의 英譯에는 베버의 ≪Das antike Judentum(RS. Ⅲ. 1~40

0)≫과 ≪Die Pharisäer≫(RS. Ⅲ. 401~442)가 모두 번역되어 있다는 것도 이미 소개하였다.

유대교의 2기

유대의 종교를 고찰함에 있어서 베버는 이것을 바빌론 捕囚 이전과 이후의 두 시기로 나눈다.

본래 유대교는 철저하게 합리주의적이었다. 즉 모든 주술적 요소를 추방하고 비합리적인 구제원리를 배척하고, 자기의 생활과 단체의 활동을 율법에 맞도록 하기 위하여 끊임없는 윤리적 반성을 하였으며, 또한 역사적 현실을 신의 뜻에 의한 것이라고 해석함으로써 이지적인 攝理史觀을 창조하였는데, 이러한 것들은 모두 유대교의 철저한 합리적인 면을 나타낸 것이다.

그러나 유대교의 이러한 합리주의는 바빌론 捕囚 이후 유대인이 파리아 민족(客人民族)으로서 정치권력은 가지지 못하고 오로지 儀禮的 단체로서만 존속하게 되자, 그것은 점차 비합리적인 성격을 띠게 되었다. 즉 이때부터 그들은 대내적으로는 끝까지 상호부조하는 '對內道德(Binnenmoral)'과 대외적으로는 무자비한 打算行爲를 감행하는 '對外道德(Aussenmoral)'을 구별하는 윤리적 二元主義에 빠지게 되었는데, 바로 이러한 二元性으로 말미암아 여기에 참된 의미의 '자본주의의 정신'은 생겨나지 못하였던 것이다.

유대의 종교에 관하여는 이러한 두 시기를 구별할 수 있
으므로, 우선 유대적 합리주의는 어떻게 생겨났는가를 알
아보고, 다음에 그것이 捕囚期 이후 어떻게 변질되었는가
를 알아보기로 하자.

유대적 합리주의

士師時代의 여호와 신앙은 주로 농민에 의하여 담당되
었다. 그리고 우리가 이미 사회층에 관한 카주이스틱에서
본 바와 같이 농민의 종교는 오르기적 종교에 빠지기 쉬운
것이었는데, 역시 이때의 여호와 신앙도 狂躁亂舞하면서
陶醉境에 들어가려는 오르기적 성격을 가지고 있었다.

이와 같이 오르기적 종교였던 여호와 신앙은 왕국이 성
립하여 예루살렘 문화의 중심이 형성되자 그 성격도 변해
갔다. 즉 왕국이 성립되자, 일면에는 정치적·군사적인 세
력층이 생기는 동시에 다른 면에서는 지배적 지위를 빼앗
긴 巨族이나 또는 왕권에 굴복하여 억압된 생활을 강요당
한 농민, 기타의 서민이 생기게 되었는데, 이때에 억압된
대중을 옹호하는 동시에 타락한 지배층을 규탄함으로써 옛
날의 여호와 신앙을 다시 부활시켜 보려는 비판적인 움직
임이 태동하게 되었다. 이와 같이 유대인의 생활이 농촌에
서 왕권을 중심으로 한 도시로 옮겨지자, 그 신앙도 합리
적인 것으로 변해 갔다. 이러한 사정을 베버는 "모세의 사
회적 율법과 결합된 야베祭儀(Jahvekult)는 都市 예루살

렘의 지반 위에서 비로소 궁극적으로 윤리적 종교가 되었
다"라고 말하고 있다(W.u.G.286.).

그런데 유대의 여호와 신앙이 이와 같이 합리화의 과정
을 밟는 데 크게 기여한 사회층으로는 ① 律師요 祭司인
랍비(Rabbi) ② 예언자 ③ 俗人인 인텔리겐차를 들 수가
있다. 그들은 모두 왕권에 의하여 억압된 寄寓者(ger)를
대변하였고, 왕권성립으로 인해 생겨난 여러 가지 옳지 못
한 사회적 현실에 대하여 그들의 특유한 방법으로 격렬한
비판을 가하면서 종교의 합리화에 관여하였던 것이다.

랍비

랍비는 신분적으로는 정치적 발언권을 가지지 못한 '게
르'에 지나지 않았으며, 그들의 직책은 — 公的인 제사에
참여하는 것보다는 — 私人을 영적으로 지도하여 그 참회
와 속죄를 의논하는 데에 있었다. 그리고 이러한 랍비와
주로 접촉한 사회층은, 왕국의 성립으로 말미암아 지도적
지위를 잃어버린 씨족의 인텔리겐차와 그들에 의하여 계몽
된 서민들이었다.

랍비는 이러한 사람들을 상대로 어떻게 참회하고 속죄
할 것인가를 — 율법의 권위를 따라 — 가르쳤다. 그런데
실제로 사회생활이 복잡해짐에 따라 랍비들은 자기네들이
이러한 사람들에게 가르칠 사회규범을 정리해 놓을 필요를
느끼게 되었는데, 이와 같이 조직화된 사회규범의 카주이

스틱이 정비됨에 따라 이스라엘의 율법은 그 형태를 갖추게 되었다.

물론 이러한 율법을 그들은 여호와가 주신 것이라고 굳게 믿었다. 그럼에도 불구하고 그것의 내용은 사람들의 사회생활을 지도해 나아가는 동안에 형성된 것이었으므로, 그것은 인간의 이성으로 이해할 수 있는 것이었다. 이와 같이 그것이 사람에 의하여 — 그것도 일반대중에 의하여 — 곧 이해될 수 있다는 점에서 철저하게 합리적인 동시에 윤리적인 것이었다. 동시에 그들은 여호와가 주신 사회규범에 복종하는 것이 또한 여호와를 따르는 길이라고 믿었기 때문에, 그들에게 있어서 종교성과 윤리성은 表裏一體가 되어 있었으며, 이러한 의미에서 그것은 '此岸的'인 것이었다. 다시 말하면, 여호와 신의 의사내용과 이스라엘 백성의 사회생활 사이에는 寸分의 거리도 — 본질상으로는 — 있을 수 없었다.

또한 그들은 이스라엘 백성이 율법을 따라 사회생활을 하는 경우에 여호와는 그들을 행복으로 이끌어 줄 의무를 지니고 있으며, 이러한 여호와의 褒賞(또는 處罰)은 역사에 그대로 나타난다고 믿었다. 그래서 역사는 여호와의 뜻에 의하여 인도되는 과정으로서의 의미를 가진다고 생각되었다. 따라서 이러한 역사적 과정을 합리적으로 해석하기 위해서는 여호와가 주신 율법의 의미를 정확하게 알고만 있으면 충분하다는, 독특한 史觀이 생기게 되었다. 즉 종

교윤리의 합리화 과정은 동시에 역사를 합리적으로 해석할
수 있는 길까지 열어 준 것이다.

그러므로 유대적 합리주의의 발전에 있어서 랍비들이
담당한 역할은 ① 이스라엘에 있어서의 주술적 경향을 축
출하고 ② 율법을 조직함으로써 ③ 종교윤리를 체계화한
데에 있었다고 말할 수 있다.

예언자

다음은 예언자인데, 이미 제4장 제6절에서 본 바와 같
이 예언자라고 하면 곧 그 카리스마적 성격을 연상할 필요
가 있다.

즉 예언자는 기존 사회질서에 맞추어 가면서 합리화를
하려는 것이 아니라, 도리어 인습을 타파하는 혁명적인 행
위를 통하여 합리화를 촉진하려는 데에서 그 특색을 나타
내고 있다. 이러한 점에서 예언자는 전승된 율법을 그대로
지키려는 랍비들과는 대조적인 입장에 서 있었다고 볼 수
있다. 즉 그들에게 있어서는 '성스러운 전통'은 문제가 되
지 않고, 다만 '개인적 소명(die persönliche Berufung)'
에 의하여 생생한 신의 의사를 직접 감득하는 것만이 중요
한 의의를 가지는 것이었다. 그렇기 때문에 베버도 일반으
로 "승려층에서 예언자가 나온 일이 없는 것은 우연한 일
이 아니다(W.u.G.268)"라고 말하였지만, 과연 고대 유대
에서도 랍비 출신의 예언자는 한 사람도 없었던 것이다.

물론 그렇다고 해서 고대 유대의 예언자들은 결코 — 랍비들에 의하여 정비된 — 율법 그 자체를 깨뜨려 버리려고 한 것은 아니었다. 사실 랍비들에 의하여 편찬된 율법이 없었더라면 그 화려한 예언자의 활동도 있을 수 없었던 것이다. 예언자들이 공격한 것은 율법 그 자체가 아니라 그것의 형식뿐이었다. 랍비의 율법주의에 있어서는 '성스러운 법(heiliges Recht)'을 지키는 것이 자칫 잘못하면 형식화의 길로 떨어지기가 쉬웠고, 더구나 율법은 윤리적 규범인 동시에 종교적 의식의 규정도 되었으므로, 이러한 형식화·정체화는 더욱더 조장되는 경향이 있었다.

이리하여 고대 유대의 예언자들은 이러한 '성스러운 法'의 형식화에 사로잡힘이 없이, 자신의 '성스러운 心情(heilige Gesinnung)'을 가지고 율법의 배후에 있는 신의 뜻을 직접 감득하고, 이렇게 함으로써 율법을 내면적으로 통일화하려고 하였다. 즉 예언자는 율법을 파괴하는 것이 아니라 여기에 새로운 의미를 붙이려고 하였을 뿐이다.

베버는 고대 유대의 예언자에 대해는 특별한 관심을 가지고 있는 것 같으며, 그들을 정치적 데마고그(politische Demagogen)라고까지 부르면서, 제1차 세계대전에 패전한 독일의 국난에 처하여 저 멀리 고대 유대의 예언자의 정신을 현대에 살려 보려고까지 생각하고 있었던 것 같다. 과연 예언자들은 도시의 '街頭'에서 국가의 대외정책을 비판하고, 특권계급의 타락을 통박하는 등 과격한 정치적 활

동을 통하여 민중에 직접 침투해 들어갔다. 이 점에 있어
서 확실히 그들은 정치적 데마고그였다.

그러나 그들이 이와 같이 정치비판을 감행한 것은 1차
적으로 정치 그 자체에 관심이 있었기 때문이 아니라, 다
만 여호와의 뜻에 올바르게 따라가기 위해서였던 것이다.
민중을 여호와의 밑으로 인도하기 위하여 이에 역행하는
정치를 비판하였을 뿐이었다. 다시 말하면, 신의 뜻을 따
르려는 의욕이 너무도 격렬하였기 때문에 그들은 민중을
선동하는 정치적 데마고그가 되지 않을 수 없었던 것이다.

이리하여 그들의 종교적 영감은, 단지 개인적 체험으로
서 그쳤던 것이 아니라 유대의 전통과 역사에 위대한 刻印
을 남겼던 것인데, 그렇기 때문에 그들을 합리적 예언자
(rationaler Prophet)라고 부르게 되는 것이다.

捕囚 이후

유대의 종교는 랍비들과 예언자 그리고 그들을 측면에
서 원조한 인텔리 속인들의 노력으로 그 독특한 합리적 성
격을 형성하기에 이르렀지만, 왕국이 멸망하고 민족이 바
빌론으로 붙들려 간 이후부터는 그 성격에 커다란 변화를
일으키게 되었다. 즉 捕囚 이후의 이스라엘 백성은 정치권
력을 가지지 못한 教團 중심의 단체로서 존속하게 되었는
데, 그 동안에 그들은 '選民'이라는 자부심을 더욱 굳게 가
지게 되었다.

즉 이스라엘 백성만이 신의 택함을 받은 유일한 민족이라는 자부심인데 '의례적·형식적·사실적으로 주위의 모든 사회환경으로부터 격리된 파리아 民族'이 이처럼 대단한 자부심을 강하게 가지고 있었다는 것이 그들 속에서 도덕의 二元性이 생겨날 결정적 근거가 되었던 것이다. 물론 申命期(23장 20절)에 '타국인에게 네가 꾸이면 이식을 취하여도 가하거니와 너의 형제에게 꾸이거든 이식을 취하지 말라'라는 말이 있는 것을 보아, 捕囚期 이전에도 도덕의 二元性은 있었던 것이지만, 그러나 그것이 유대인의 성격에 영향을 줄 만큼 대대적인 것이 된 것은 역시 捕囚 이후부터의 일이다.

捕囚期에 이스라엘 백성이 敎團 중심의 단체로서 남게 되자, 제사계급인 랍비의 사회적 지위는 갑자기 높아졌고, 왕국시대에는 아무런 시민권도 가지지 못하였던 억압된 사회층인 농민·상인·수공업자도 완전한 시민권을 가지게 되었으므로, 그들은 다 같은 市民(demos)으로서 평등하게 종교성의 주체가 될 수도 있었다. 이리하여 무서울 정도로 철저한 '對內道德'이 생겨나게 되었다. 동시에 다른 민족에 대하여는 한푼의 온정도 없이 무자비하게 영리를 추구하는 유대인 특유의 저 지독한 '對外道德'도 또한 이에 따르게 되었다.

이러한 유대인의 성격은 오늘날까지도 그대로 계속되었으며, 그렇기 때문에 그들은 세계의 어디를 가도 그곳에서

미움을 사고 있는 것이다. 그러나 바로 이러한 도덕의 二元性이야말로 '자본주의 정신'의 형성을 위해서는 커다란 장애물이 되었던 것이다.

금욕적 프로테스탄트는 신앙의 면에서는 편협하였지만, 이교도와의 경제적 교섭에 있어서는 성실 공정한 것을 자랑으로 삼았다. 경제행위에 관계되는 한에 있어서는 그들의 안중에는 신자와 이교도의 차별은 없었고, 더구나 자기 민족과 다른 민족, 자기 고향과 남의 고향의 구별은 없었다. 이와 같이 '人的'인 차별을 무시하고 어디까지나 事象(Sache)의 논리를 따라 합리적으로 행동하는 것이 신에 대한 '의무'라고 그들은 굳게 믿었다.

즉 그들에게 있어서 對內道德과 對外道德의 구별은 없었다. 그리고 바로 이러한 정신적인 기반 위에 '자본주의의 정신'은 성립될 수 있었던 것이다. 割禮하지 않은 이교도와 식탁을 같이하는 것을 부끄러워한 베드로를 비난하였다고 바울이 말한 '안티오케의 회의'를 가리켜 베버가 '서양의 시민정신의 受胎期(die Konzeptionsstunde des Bürgertums des Occidents)'라고 부른 것은 이러한 도덕의 二元性이 예수교에 의하여 파괴되었다는 의미에서 수긍될 수 있다. 물론 유대인이 경제의 영역에서 맹렬한 활동을 해온 것을 부인할 수는 없다. 그러나 도덕의 二元性에 사로잡힌 유대인은 겨우 상인 자본주의나 정치기생적 자본주의에 진출할 수 있어도 '자유노동의 합리적 조직화'를 기반으로 하

는 산업 자본주의에는 적합하지 않다는 것이 베버의 견해
다.

제6장 정치와 책임윤리

학문내적 禁慾

베버는 경험과학적인 '인식'과 실천적인 '가치판단'을 분리시켰다. "인과적 분석은 절대로 가치판단을 제공하지 않는다. 그리고 가치판단은 절대로 인과적 설명이 되지 않는다"라고 그는 마이어(E. Mayer)와의 논쟁에서 말한 바 있으며(WL. 22.), 자연적 질서나 역사적 현실에 관한 지식에서부터 곧 우리의 실천적 지침을 끄집어 내려는 태도에는 철저히 반대하였던 것이다.

이리하여 그는 자신을 '역사학파의 아들'이라고까지 부르면서도 이론과 실천을 구별하지 못한 그 역사학파에 맹렬한 공격을 퍼부었으며, 또한 처음부터 실천의욕을 가지고 사회이론을 꾸며댄 유물사관에 반대하였던 것이다. 학문적 인식이라는 것은, 현실에 있는 '힘'을 그대로 模寫해 내는 것도 아니고 또는 그 현실의 배후에 있는 '본질'을 직관할 수 있는 것도 아니다. 그것은 다만 일정한 認識關心을 가지고 일정한 객관적 방법을 따라 구성된 '지식의 코스모스' 이외의 아무것도 아니다.

그러므로 학문적 인식에 우리는 많은 것을 기대해서는 안 되며, 따라서 여기에서 곧 근세의 사회과학자와 같이 실천의 지침을 끄집어 낸다든가 그리스의 철인과 같이 本質直觀을 얻으려고 한다든가, 또는 중세의 학문이 이상으로 삼은 바와 같이 영혼의 구제를 가져오려고 하는 것은 허용되지 않는다. 본래 학문은 활동적 생활(vita activa)

이나 명상적 생활(vita contemplativa)과는 관계가 없는
것이기 때문이다.

베버는 이와 같이 경험과학으로부터 의식적으로 형이상
학과 가치판단을 추방하고, 학문에 대하여 아주 寡慾한 태
도를 취하였지만, 그럼에도 불구하고 그는 이러한 학문의
연구에 초인간적인 정력을 기울였다. 이러한 그의 태도를
가리켜 하이네만은 '學問內的 禁慾(innerwissenschaft-
liche Askese)'이라고 평하였지만, 이와 같이 학문이 도
달할 수 있는 한계를 명백히 의식하고, 이러한 沒價値的
학문의 여기저기를 남김없이 탐색해 낸 베버의 금욕적이고
정력적인 활동을 통하여 도리어 우리에게는 그러한 학문이
도달할 수 없는 세계관이나 가치의 영역이 생생하게 느껴
지는 것이다.

그리고 이와 같은 학문의 영역과 그러한 학문이 도달할
수 없는 영역 사이의 긴장관계를 통하여 우리는 그 독특한
베버의 '정치와 윤리'의 이념을 엿볼 수 있다. 다시 말하면
그는 과학과 실천, 학문연구와 정치활동을 준엄하게 분리
시켰지만, 이와 같이 분리된 것이 그의 실존적 통일적 인
격을 통하여 또다시 통일되어 가는 것을 볼 수 있다.

목적합리성

과학과 실천은 이것을 엄격히 구별하지 않으면 안 된다.
다시 말하면, 과학의 '결론'을 곧 실천의 '지침'으로 삼으려

고 해서는 안 된다.

이와 같이 과학과 실천은 어디까지나 '분리'시켜야 하는
것이지만, 그러나 그렇다고 해서 이것들 사이에는 아무런
'관계'도 없다고 보아야 할 것인가 하면 그렇게는 말할 수
가 없다. 남자와 여자는 서로 구별해야 함에도 불구하고
그들은 반드시 합해서 부부가 되지 않으면 안 되는 것처
럼, 과학과 실천도 원리상으로는 구별되고 분리됨에도 불
구하고 '인간의 현실적 활동'을 통하여 또다시 '모종의 관
계'를 맺지 않으면 안 된다. 그러면 과학과 실천은 — 과학
의 沒價値性을 손상시킴이 없이 — 어떻게 관계를 맺을 수
있을 것인가.

베버는 그의 ≪경제와 사회≫에서 다음과 같은 말을 한
일이 있다.

"목적과 수단과 그리고 부수적 결과(Nebenfolge)에 指
向된 행위를 하고, 그리고 이때에 있어서 목적에 대하여
手段을, 부수적 결과에 대하여는 目的을, 또한 나중에 여
러 가지 가능한 목적을 서로 합리적으로 較量(abwägen)
하는 사람은 목적합리적(zweckrational)으로 행위하고
있는 것이다(W.u.G.13; WL. 552)".

객관적 事象에 관한 지식은 그것 자체로서는 결코 행위
의 지침은 되지 않는다. 이때의 행위는 어디까지나 행위자
에 의하여 설정된 '목적'에 이끌리어 진행되는 것이며, 따
라서 '行爲의 原理'와 '事象에 관한 지식'은 그 차원을 달리

하고 있다. 이와 같이 지식과 행위는 그 차원을 달리하고 있지만, 이때의 행위가 —價値合理的 行爲가 아니라 — 목적합리적 행위인 경우에는, 그것은 결코 事象에 관한 지식과 무관계하게는 진행될 수가 없다.

가치합리적 행위라면 옳다고 생각하는 가치의 실현을 위하여 '외부적 결과의 如何'는 고려함이 없이 돌진할 수 있는 것이지만, 목적합리적 행위인 경우에는 설정된 목적의 달성을 위하여 채택된 수단이 과연 목적한 바와 같은 '외부적 결과'를 가져올 것인가에 커다란 관심을 가지지 않을 수 없는 것이며, 따라서 만일 그러한 수단이 효과적이 아니든가 또는 전혀 그러한 목적의 달성에는 무관계한 것일 경우에는 그 수단은 다른 것으로 바꾸어지지 않으면 안된다. 그러므로 이때에 '객관적 事象의 인식'은 — 그것이 곧 행위의 원리로서 등장하지는 않지만 — 目的的으로 행위하는 자가 자신의 행위 내지 수단을 '선택'함에 있어서 항상 염두에 두고 있지 않으면 안 된다는 의의는 가지고 있으며, 그러한 한에 있어서 그것은 行爲決定에 간접적으로는 참여하고 있는 것이다.

이러한 관계를 우리는 오늘날 독일의 刑法學者 벨첼의 다음과 같은 말에서 더욱 명백하게 이해할 수 있다. 그는 자기의 刑法理論, 특히 그의 目的的行爲論이 베버에서 暗示를 받았다는 말은 하지 않고 있지만, 그러나 우리는 너무

도 많은 공통점을 이 두 학자의 사이에서 발견할 수 있다는
데에 놀라지 않을 수가 없다. — "인간의 행위는, 단순한 因
果的 사건이 아니라, 目的的인 사건이 된다. 그리고 行爲
의 이러한 目的性은 다음과 같은 것을 근거로 주장된다. 즉
인간은 그의 因果的 知識을 기초로 일정한 범위 내에서 그
의 동작이 가져올 결과를 예견하고, 또한 이에 맞추어 여러
가지로 目標를 설정하고는, 이러한 목표의 달성을 위하여
그의 동작을 계획적으로 이에 돌려 댈 수가 있다. 이와 같
이 因果的인 예비지식을 가지고 하나하나의 행동을 그쪽으
로 조종해 나갈 수가 있는 것이기 때문에, 따라서 인간은
外的인 因果的 事件을 일정한 목표에 맞추어 돌려댐으로
써 그것을 目的的으로 支配하게 된다(Hans Welzel, Das-
deutsche Strafrecht, 6 Aufl. 1958, 28. 黃山德 譯 ≪刑
法體系의 新形象≫ 15쪽)".

우리는 이론과 실천이 이처럼 밀접한 관계를 가지는 경
우를 — 目的合理的 行爲를 제외한 — 다른 행위에서는 찾
아볼 수가 없다. 가치합리적 행위에 관하여는 이미 말한
바와 같거니와 전통적 행위나 카리스마적 또는 정서적 행
위에서도 事象에 관한 객관적 지식은 행위 결정에 아무런
관련성도 가지지 못하는 것이다.

그런데 베버의 그 독특한 윤리사상은 이러한 사정을 이
해함으로써 비로소 파악될 수가 있다. 그가 '學問內的 禁
慾'이라는 평을 받을 만큼 沒價値한 과학적 理論認識에 정

력을 기울인 것은, 전통을 그대로 지키고 있는 카리스마적 광분에 자기를 바치기 위해서였던 것은 아니다.

'근대 유럽의 아들'인 그는 근대적 합리주의를 몸에 지니고 하나에서 열까지 目的合理的으로 자기의 行爲를 '一貫'하기 위하여 철저하게 객관적인 인식을 요구하였던 것이다. 즉 그에 있어서 경험과학적 '認識'은 목적합리적 '實踐'과만 관련을 맺을 수 있는 것이었으며, 이리하여 생겨난 것이 그의 '責任倫理'의 사상이었던 것이다.

책임윤리와 심정윤리

事實認識과 가치판단은 본래는 그 차원을 달리하는 것이다. 그러나 그럼에도 불구하고 행위주체는 하나의 가치판단을 내리기 전에 먼저 사실인식을 고려하고 경우에 따라서는 먼저 내린 가치판단을 변경하여 다시 새로운 가치판단을 내려야 할 때가 있다. 목적합리적 행위의 경우가 바로 이것에 해당하는데, 이때의 실천적 가치판단은 — 그것 자체로서는 사실인식과 구별되고 분리됨에도 불구하고 — 항상 사실인식을 자기 속에 끌어들이고 그것에 맞추어 자신을 고쳐 나가지 않으면 안 된다.

그러나 이와 같이 사실인식에 맞추어 항상 그리고 수시로 자신의 실천적 판단을 바꾸어 나간다는 것은, 그저 쉽사리 누구나 다 할 수 있는 일이 아니라, 철저하게 책임윤리에 입각한 확고한 세계관을 근거로 하는 경우에만 가능하다.

즉 어떤 행위를 함에 있어서 그 목적의 실현에 필요한 수단과 그리고 직접적으로 의욕하지 않았음에도 불구하고 생겨나는 부수적 결과를 모두 고려하고, 이것에 맞추어 최초의 목적을 반성해 본다는 것은 '하나의 行爲로 말미암아 생겨나는 모든 결과에 대하여 책임을 진다'는 것을 전제로 하지 않고는 있을 수가 없다. 만일 이때에 우리가 '착하고 바른' 마음씨에만 善惡의 기준을 두고서 그것이 가져올 결과는 이것을 神意에 맡겨 버리는 心情倫理에 입각해 있는 경우에는 이러한 較量은 도대체 필요치가 않은 것이다.

순수한 심정윤리의 경우에는 객관적 事象에 대한 因果的 예비지식은 가질 필요가 없다. 이때에 그는 다만 자신의 심정에 대해서만 윤리적 또는 종교적인 평가를 받을 뿐이지 자신이 저지른 행위와 그 행위의 결과에 대하여는 아무런 책임도 부담하지 않게 된다.

이에 대하여 목적합리적 행위에 있어서는 자기의 행위와 그 결과에 대하여 책임을 지는 것을 각오하고 있기 때문에 악착같이 較量을 하려고 하는 것이며, 그리고 因果的 예비지식을 기초로 충분히 그가 較量을 하였을 경우에는 ― 그 한도 안에서 ― 그는 책임을 면할 수 없는 것이다. 그리고 이것이 바로 '責任倫理'의 입장이다.

그러므로 책임윤리는 現世的인 事象을 기초로 하는 점에서 어디까지나 '此岸的(diesseitig)'이며, 그러한 점에서 그것은 심정윤리가 자기의 心情과 神을 직접 대결시킴으로써 '彼岸的(jenseitg)'인 것과는 다르다. 또한 책임윤리는 목적합리적으로는 首尾一貫(konsequent)되어 있지 않으면 안 된다.

자기의 행위에 책임을 지기 위해서는 그는 성실해야 하며, 그리고 자기의 행위에 성실하기 위해서는 행위의 內的 意味에 있어서 일관성을 유지하고 있지 않으면 안 된다. 그러므로 일관성은 此岸性과 함께 책임윤리의 기본적 특징이 되어 있는 것이다.

근대 유럽과 책임윤리

근대 유럽이 합리주의적이라는 것은 그 成員이 목적합리적으로 행위할 수 있도록 그 사회가 형성되어 있다는 것을 의미한다. 근대적인 경제나 관료제의 메커니즘은 본래 인간의 목적합리적인 思慮와 활동의 산물이었던 것이며, 따라서 그것들은 본래 기계와 같이 '계산할 수 있는(berechenbar)' 것이다. 즉 이러한 합리적 기구는 우리의 지성으로써 그것의 내막을 들여다볼 수 있는 것이며, 동시에 그것을 무대로 하는 우리의 행위의 결과도 또한 충분히 예견 가능한 것이다.

그러나 예견 가능하다는 것과 실제로 예견하고 있다는 것은 구별된다. 근대인은 굉장히 발달된 사회 속에서 살고 있으면서도 아프리카의 토인이나 원시인보다도 도리어 자기의 생활조건에 관한 지식을 가지지 못하고 있다. 미개인은 자기가 사용하는 도구의 성질을 잘 알고 있지만, 근대인은 자기가 매일 타고 다니는 전차의 구조조차 모르고 있는 형편이다.

그러므로 근대사회가 합리화되어 있다는 것은, 사람들이 자기의 생활조건을 모두 다 잘 알고 있다는 것이 아니라, '우리들이 원하기만 하면 언제든지 배워서 알 수 있다는 것, 원리적으로 말하면 신비롭고 예견 불가능한 힘이 작용하고 있다는 것이 아니라, 도리어 — 원칙으로서 — 모든 事物을 예견으로써 지배할 수 있다는 것을, 알기도 하고 믿기도 하는 것(WL. 578)'을 말하고 있는 것이다.

근대인은 이와 같이 원하기만 하면 언제든지 '알 수 있도록' 되어 있는 합리적 사회기구 안에서 되도록 많은 것을 '현실로 알고서' 자기의 행위를 이에 맞추어 이끌어 나갈 책임을 지니고 있으며, 이렇게 함에 있어서 그는 주술에 의존하든가 또는 전통에 얽매여서는 안 되는 것으로 되어 있다. 근대 유럽의 사람들은 이와 같이 목적합리적으로 행할 수 있고 또한 그렇게 하지 않으면 안 되는데, 합리적 세계 안에서 목적합리적으로 행위를 하고, 자신의 행위의 결과에 대한 책임을 진다는 세계관을 가지고 실천에 임할 때, 바로 여기에 책임윤리의 입장이 성립될 수 있는 것이다.

근대 유럽의 아들이라는 자각을 가지고 있는 베버는, 고

대 유대의 예언자로부터 금욕적 프로테스탄트에 이르는 유
럽적 에토스의 계보 위에 자신을 내던지고, 유럽 문화의
합리화를 추진해 온 그 정신적 전통을 몸소 지키기 위하
여, 아무리 참을 수 없는 고통이 따를지라도 목적합리적
행위로 일관해야 한다는 그의 책임윤리의 세계관을 내세웠
던 것이다. 그러면 어째서 베버는 이처럼 철저한 책임윤리
의 입장을 사수하려고 하였던가.

병든 유럽

여기에서 우리는 베버가 근대자본주의의 성립을 말할
때 금욕적 프로테스탄트의 '가치합리적' 태도가 그 추진력
이 되어 왔다고 주장한 것을 회상할 필요가 있다.

근대 유럽의 문명은 과연 목적합리성에 철저한 것이었
지만, 그것은 배후에서 밀어 주는 유럽 사람들의 가치합리
적 또는 카리스마적인 행위의 뒷받침이 없었으면 성립될
수가 없는 것이었다. 이리하여 근대적 관료제는 생겨났고
대기업 경영도 가능하게 되었지만, 이와 같이 사회생활의
합리화가 진전되는 동안에 이러한 합리화의 정신적 지주가
되어 있던 유럽인의 카리스마적·가치합리적인 정신적 전
통은 점점 그 자취를 감추게 되었고, 이와 같이 항상 새로
운 정신을 보급해 주던 源泉이 고갈상태에 빠지게 되자,
어마어마한 규모로 조직된 근대사회의 기구는 도리어 인간
을 억압하여 자기의 노예로 만들게 되었다. 특히 관료제는

이 점에 있어서 가장 심한 바가 있다.

우리는 이미 베버를 따라 이집트는 중국에 있어서의 관료제가 정치적으로나 경제적으로나 인민의 창의를 방해하고 전통의 힘을 강하게 함으로써 사회를 정체화에 빠뜨렸다는 것을 보아 왔지만, 근대적 관료제도 마찬가지로 — 그것이 그 카리스마적·가치합리적인 정신적 지주를 상실하게 되자 — 그것을 그대로 유지하려는 전통주의에 사로잡힘으로써 사회의 정체화를 가져오고 있는 것이다.

오늘날 관료제 속에서 살고 있는 인간은 기계의 부분품인 하나의 자그마한 '톱니바퀴' 이상의 아무것도 아닌 존재가 되고 말았다. 그러고는 모두 다 '어떻게 하면 나는 이 작은 톱니바퀴에서 좀더 큰 톱니바퀴가 될 수 있을 것인가'만을 생각하고 있다. 이러한 사정을 베버는 그의 ≪프로테스탄트의 윤리와 자본주의의 정신≫의 끝머리에서 다음과 같이 비통한 말로써 표현하고 있다.

"청교도들은(구원의 확증을 얻기 위하여 자진해서 — 필자) 직업인이 되기를 원하였다. 그러나 우리들은(살기 위하여 할 수 없이 — 필자) 직업인이 되지 않을 수가 없다. 즉 금욕주의가 僧房으로부터 나와 직업생활로 옮아가서 현세의 윤리를 지배하게 된 결과, 금욕은 근대적 경제질서의 강력한 기구를 구축하는 데에 도움이 되었던 것이지만, 오늘에 있어서는 모든 사람이 — 직접 경제적 영리에 종사하는 사람들뿐만이 아니라, 모든 사람이 — 나서부터 이 운동장치 속에 끼워서 살게 되고, 모든 사람의 생활양식은 이 기구에 의하여 압도적인 강제력을 가지고 규정되어 있으며, 그것은 아마 땅 속에 매장되어 있는 化石燃料의 마지막 1첸트네르가 다 타기까지는 그대로 계속될 것이다 (RS. I. 203; Kröner 379. 한역 160쪽)".

이리하여 근대 사회는 기계의 노예가 된 '정신 없는 전문가, 心情 없는 享樂人'으로 충만하게 되었고, 인간이면서도 인간 구실을 못 하고 기계가 하라는 대로 그것의 법칙을 따라 움직이지 않으면 안 되는 무서운 세계가 된 것이다. 그리고 이와 같이 완전한 '人間性喪失'은 근대 유럽의 목적합리성의 결과였던 것이다.

그러나 그럼에도 불구하고 베버는 이러한 목적합리성과 불가분의 관계를 가지고 있는 책임윤리를 유럽적 에토스의 정신적 전통을 사수하는 최후의 일선으로서, 끝까지 지켜보려고 하였던 것인데, 그것에는 다음에 소개할 그의 정치이론과 관련하여 아직도 '하나의 희망'이 남아 있었기 때문이다.

지도자

관료제가 오랫동안 계속되자, 그것은 자신을 하나의 '톱니바퀴' 이상으로 보지 않는 병신 같은 '관료(Beamte)'에 의하여 운영되게 되었고, 그것은 더 나아가서 인간성 전체를 망쳐 버리고 말았다.

  이리하여 근대 관료제의 해독은 — 아무리 유럽적 에토스를 찬양하는 베버일지라도 — 인정하지 않을 수 없을 만큼, 표면에 나타나게 되었다. 그러면 우리는 '잃어버린 인간성'을 다시 찾기 위하여 근대 관료제를, 따라서 근대 유럽이 수백년 동안 내려오면서 쌓아 놓은 목적합리적인 모든 기구를 송두리째 버려야 할 것인가. '現代의 危機 또는 '유럽의 沒落'을 논하는 사람들은 당연히 여기까지 생각하게 되는 것이지만, 이에 대해 베버가 — 유럽적 에토스의 전통을 지키기 위하여 — 마지막 시도로서 내놓은 것이, 그의 '指導者國家'의 정치이론이었던 것이다.

  즉 그는 잃어버린 인간성을 도로 찾기 위해서는 이미 기계의 노예가 되어 버린 '관료' 대신에 '지도자(Leiter)'를 — 다시 말하면, 사기업에 있어서는 '기업가'를, 그리고 公的 政治에 있어서는 '정치가'를 — 가져오면 되리라고 생각하였다. 이제 그의 대표적 정치논문인 ≪의회와 정부≫에서 그간의 사정을 알아보기로 하자.

  자기의 견해와는 다른 내용의 명령을 받은 관료는, 물론 자기의 의견을 상신할 수 있고, 또한 그렇게 하지 않으면 안 된다. 그러나 상사가 그의 지시를 그대로 고집하는 경우에는, 그는 마치 그것이 자기 자신의 확신과 꼭 일치되는 것처럼 그 지시를 수행하고, 이렇게 함으로써 자기의 관료로서의 의무감이 자기 개인의 의견보다도 上位에 있다는 것을 보여 주는 것이 그의 의무가 되는 동시에 또한 그의 '명예'도 되고 있다. 그리고 이렇게 되기를 요구하는 것이, 즉 '官職'의 精神(Geist des Amtes)이다. 그런데 정치적 '지도자'가 만일 이렇게 행동한다면 그는 아마 '웃음거리'가 될 것이다.

물론 그는 할 수 없이 타협을 해야 하기도 하고, 중요한 것을 위하여 중요하지 않은 것을 희생시켜야 하기도 할 것이지만, 그러나 만일 그가 그의 主人(그것이 군주이든 또는 국민이든)에 대하여 '나는 이 명령을 지지하지만, 만일 그것이 되지 않는 경우에는 나는 떠난다'라고 배짱을 부릴 수 있는 각오를 가지고 있지 않은 경우에는, 그는 비스마르크가 그러한 타입의 사람을 부른 것과 같이 '찰거머리(Kleber)'는 될지언정 지도자는 될 수 없다. '관료'는 '초당파적으로' — 다시 말하면 자기의 권력을 위한 '투쟁'의 밖에 — 있지 않으면 안 된다. 그러나 정치가나 기업가에 있어서는 자기의 권력을 위하여 싸우고, 그러고는 이러한 권력으로부터 생겨나는 자기 사업에 대하여 '책임'을 짐으로써, 그는 살게 되는 것이다(PS. 323; W.u.G.844f.).

그러면 이러한 지도적 정치가가 충분히 그 기능을 발휘할 수 있는 기반은 무엇인가 하면 이것에 대하여 그는 政黨을 생각하고 있었다. "정당은 그 가장 내면적 본질상 자발적으로 형성된 것이요, 또한 자유롭고 항상 새로운 모집에서 출발하는 조직이다(PS.312; W.u.G.845.). 따라서 정당은 개인의 창의가 발휘될 수 있는 단체이며, 그 단체

구성은 개인주의적이다. 물론 오늘날에 있어서는 정당도
관료기구화하여 당원의 자발성을 억압하는 일이 많이 있지
만. 그러나 이것은 정당의 타락이라고 보지 않으면 안 된
다. 그리고 이와 같이 정당이 그 본질상 개인의 자발적 창
의성을 기반으로 한다는 점에서 그것은 슈테딩(Steding)
이 말한 바와 같이 청교도적 개인주의와 일맥 상통하는 점
을 가지고 있다.

정당을 母胎로 하고서 선출된 지도적 정치가는 자신의
정책을 내걸고서 다른 정당과 싸우고, 의회를 통하여 관료
를 지도하고, 그리고 그 결과에 대하여 스스로 책임을 지
는 것이므로, 그 윤리는 바로 책임윤리가 되지 않을 수 없
다. 그는 정책의 실시에 필요한 모든 수단을 較量해 보고
자기의 결단이 가져올 가능한 모든 영향을 심사숙고하고는
부하와 국민에 대한 책임을 스스로 떠맡으면서 결단을 내
린다.

"그런데 모든 결과에 대한 책임을 실제로 마음으로 느끼
고 책임윤리적으로 행동하는 '成熟된' 인간이 ― 그의 연령
이야 어떻든 ― 어떤 점에서 '나는 다르게는 할 수가 없다.
나는 이것을 고수한다'라고 말하였다고 하면, 이것은 한량
없이 사람들을 감동시키는 것이다. 그것은 인간적으로 진
실한 것이며, 사람의 마음을 사로잡는 것이다. 왜냐하면
이러한 상태는 우리들이 내면적으로 죽어 있지 않는 이상,
모든 우리에게 반드시 언제인가는 생겨날 수 있는 것이기

때문이다. 이러한 점에서 심정윤리와 책임윤리는 절대적으로 대립되어 있는 것이 아니라, 도리어 相補하고 있는 것이며, 이와 같이 둘이 하나가 됨으로써 비로소 '政治를 天職'으로 삼을 수 있는 참된 인간은 완성되는 것이다(PS. 547; kröner 183f)".

여기에 베버가 요구하는 '참된 人間'으로서의 지도자가 나타날 수 있다. 그리고 이러한 의미의 지도적 정치가야말로 유럽의 정신적 전통인 개인의 자발적 창의성을 발휘하고, 이렇게 함으로써 근대 유럽인을 근대 관료제의 정체화로부터 구원해 내어 그들로 하여금 진실에 살 수 있는 가능성을 제공해 주는 유일무이한 '남은 길'이 되리라고 그는 믿었던 것이다.

결어

우리는 베버의 저서를 통하여 근대 유럽이 어째서 그렇게 굉장하게 근대화의 대업을 성취할 수 있었는가를 배워서 알게 되었다. 동시에 현대에 이르러 유럽인들은 어떻게 인간성을 잃어버리게 되었는가도 알 수 있게 되었다. 뿐만 아니라 우리는 이 우주적인 학자에 의하여 우리 '東洋의 缺點'이 무엇이었던가를 또한 뼈저리게 느낄 수 있게 되었다.

이 모든 점에 있어서 우리는 서양의 어느 학자보다도 그에게 감사하는 마음을 가지게 되는 것이다. 그의 광대무비한 학문체계에 감탄도 하지만, 그보다 먼저 우리의 결점을 찔러 준 데 대하여 무엇보다도 그에게 고마운 마음을 가지게 된다. 이것은 나뿐만이 아니라 베버를 읽는 애국적 동양인이라면 누구나 다 마찬가지일 것이다.

이와 같이 우리는 우리의 과거에 관하여 그로부터 많은 것을 배울 수가 있었지만, 그렇다고 해서 우리의 미래에 대하여서까지 그의 지시를 따라야 한다고 생각해서는 안 된다. 근대 유럽의 아들로서의 프라이드를 간직하기 위하여 그는 책임윤리와 지도자 이념을 내세움으로써 유럽적 전통의 '최후의 一線'을 사수하려고 하였지만, 그가 나와야 한다고 주장하였고 그리고 실제로 그가 죽은 지 약 15년 후에 바로 독일 땅에서 나타난 지도자 히틀러가 무슨 짓을 하였고, 그리고 그것이 어떻게 되었는가를 그는 모르지만 우리는 다 잘 알고 있다. 베버가 그의 지도자 이념으로써 사수하려던 유럽적 전통의 '최후의 一線'마저 이미 무너지고 말았던 것이다. 과연 한 사람이 두 세대는 살 수가 없는 것이다.

그러므로 우리는 — 우리뿐만이 아니라 서양인들까지도 — 베버의 그 혁혁한 학문적 업적에는 무한한 감사를 드리지만 우리의 앞날을 위해서는 그를 넘어서 우리 동양에 다시 한 번 '영화의 빛'이 비치도록 마음을 가다듬지 않으면 안 될 것이다.

지은이 약력

1917년 평남 양덕 출생
경성대학 법문학부 법학과 졸업
서울대학교 법과대학 교수 역임
법무부장관, 문교부장관 역임

저서
《法學通論》 《法哲學講義》 《國際私法》 《刑法總論》
《刑法各論》 《復歸》

역서
《純粹法學》 《刑法體系의 新形象》 《法과 國家의 一般理論》

막스 베버 〈서문문고 223〉

개정판 인쇄 / 1999년 3월 10일
개정판 1쇄 / 1999년 3월 15일
지은이 / 황 산 덕
펴낸이 / 최 석 로
펴낸곳 / 서 문 당
주 소 / 서울시 마포구 성산동 103-7호
전 화 / 322-4916~8 팩스 / 322-9154
등록일자 / 1973. 10. 10
등록번호 / 제13-16

초판 발행 / 1975년 1월 10일 * 잘못된 책은 바꾸어 드립니다